传统武术文化的理论探究

张丽丽 ◎ 著

吉林出版集团股份有限公司

图书在版编目（CIP）数据

传统武术文化的理论探究 / 张丽丽著. — 长春：吉林出版集团股份有限公司，2024.8. — ISBN 978-7-5731-5849-9

Ⅰ.G852

中国国家版本馆CIP数据核字第2024SF6204号

传统武术文化的理论探究

CHUANTONG WUSHU WENHUA DE LILUN TANJIU

著　　者	张丽丽
责任编辑	聂福荣
封面设计	林　吉
开　　本	787mm×1092mm　1/16
字　　数	170千
印　　张	13.5
版　　次	2024年8月第1版
印　　次	2024年8月第1次印刷
出版发行	吉林出版集团股份有限公司
电　　话	总编办：010-63109269
	发行部：010-63109269
印　　刷	吉林省恒盛印刷有限公司

ISBN 978-7-5731-5849-9　　　　　　　　　　　　定价：85.00元

版权所有　侵权必究

前　言

在浩瀚的历史长河中，中华武术作为中华民族独有的文化瑰宝，不仅承载着强身健体、自卫防身的实用功能，更蕴含着深厚的哲学思想、伦理道德及审美情趣，是中华传统文化不可或缺的重要组成部分。自古以来，武术与中华文明的演进息息相关，它跨越时空界限，将古代先贤的智慧与民族精神代代相传，成为连接过去与未来的桥梁。

追溯至远古时期，武术的萌芽便已孕育于人类为生存而进行的狩猎、搏斗之中。随着社会的发展，武术逐渐从单一的生存技能演变为一种集技击、健身、养生、娱乐于一体的综合性文化形态。在漫长的历史进程中，武术流派纷呈，各具特色，如少林、武当、峨眉、太极等，它们不仅丰富了武术的技术体系，也深刻反映了不同地区、不同时代的文化风貌和社会变迁。同时，武术与儒、释、道等传统文化思想相互融合，形成了独特的武术文化理论体系，对中国乃至世界文化产生了深远的影响。

进入现代社会，随着科技的发展和全球化的推进，传统武术面临着前所未有的挑战。一方面，快节奏的生活方式和多元化的娱乐选择使得年轻人对传统武术的兴趣逐渐减弱。另一方面，武术文化的传承与发展也面临人才断层、技术失传等现实问题。然而，正是在这种背景下，传统武术所蕴含的道德观念、养生智慧以及精神追求，却越来越受到国际社会的关注和认可，成为连接不同文化、促进人类和谐共处的桥梁。因此，深入挖掘和传承传统武术文化，不仅是对历史负责，更是对未来负责。

  本书旨在通过系统的理论梳理与深入的文化剖析，全面展现传统武术文化的独特魅力与价值。书中不仅详细阐述了武术的起源、发展、流派特点及其技术体系，更深入挖掘了武术与哲学、医学、美学等领域的内在联系，揭示了武术文化所蕴含的深刻哲理和人文精神。同时，本书还结合现代社会背景，探讨了传统武术在当代社会的传承与发展策略，为武术文化的保护与弘扬提供了有益的参考。

  在撰写本书的过程中，我深感自身学识有限，虽力求全面、准确地展现传统武术文化的精髓，但难免有疏漏之处。传统武术文化博大精深，非一人之力所能穷尽。因此，本书只能算是我在这一领域探索道路上的一块小小铺路石，希望能够引起更多学者和爱好者的关注与探讨，共同推动传统武术文化的传承与发展。

  在此，我要特别感谢所有为本书提供宝贵资料和支持的同人、前辈及各界朋友。没有你们的慷慨相助与无私分享，本书的完成将难以想象。同时，我也要向那些在历史长河中默默耕耘、传承武术文化的先辈们致以崇高的敬意，是你们用智慧与汗水，铸就了今天我们所见到的武术文化瑰宝。愿本书能够成为连接过去与未来的纽带，为传统武术文化的传承与发展贡献一份力量。

张丽丽
2024 年 2 月

目 录

第一章 武术之源流探秘 1
  第一节 武术的远古起源与初貌 1
  第二节 古代武术的演变历程 11
  第三节 武术与古代社会文化的交融 21

第二章 武术哲学思想探析 30
  第一节 阴阳五行与武术理论的构建 30
  第二节 武术中的"道"与"德" 40
  第三节 武术与儒家思想的融合 48
  第四节 武术与道家思想的相通之处 57

第三章 武术技术体系概览 68
  第一节 武术基本功与训练方法 68
  第二节 拳术的种类与特点 79
  第三节 器械武术的多样性 88
  第四节 对练与散打的艺术 97
  第五节 武术中的内功修炼 107

第四章 武术美学赏析 119
  第一节 武术动作的美感与韵律 119
  第二节 武术表演的艺术性 128
  第三节 武术服饰与器械的美学价值 136

第四节　武术场景与氛围的营造……………………………145

　　第五节　武术美学思想的传承与发展…………………………154

第五章　武术文化教育功能……………………………………………165

　　第一节　武术在青少年教育中的作用…………………………165

　　第二节　武术文化的普及与传播途径…………………………174

　　第三节　武术文化对民族精神的塑造…………………………186

　　第四节　武术文化在国际交流中的意义………………………195

参考文献…………………………………………………………………205

第一章 武术之源流探秘

第一节 武术的远古起源与初貌

一、史前人类生存技能与武术萌芽

（一）生产劳动：武术萌芽的摇篮

在史前时期，人类社会尚处于原始阶段，生产力水平极为低下，人们主要依赖狩猎、采集等生产活动维持生存。正是在这种环境下，武术悄然兴起。史前人类在与野兽搏斗中，逐渐学会了使用木棒、石头等自然工具进行防御和攻击，这些原始的搏击技能成了武术的最初形态。这些技能虽然源于人类本能的自卫反应，但经过不断的实践和总结，逐渐形成了具有一定规律性和系统性的动作模式，为后来武术的形成奠定了基础。

生产劳动不仅为史前人类提供了必要的生存资料，还促进了他们身体的协调性和灵活性。在狩猎时，人类需要快速奔跑、准确投掷、灵活闪避，这些技能在实战中得到了锻炼和提升。随着生产工具的进步，如石器、弓箭的发明和使用，史前人类在劈、砍、击、刺等技术上积累了宝贵的经验，这些经验进一步推动了武术技能的形成。

（二）部落战争：格斗技能的催化剂

随着史前人类社会的发展，部落之间的冲突和战争逐渐增多。部落战争不仅是对资源的争夺，更是生存权利的较量。在这种背景下，格斗技能成了决定战争胜负的重要因素之一。史前人类在战争中不断总结和改进搏击方法，将比较成功的搏击技术加以传承和发扬，这些技术逐渐形成了具有鲜明特色的格斗技能体系。

部落战争不仅促进了格斗技能的形成和发展，还推动了兵器的创新和改进。史前人类根据战争需要，不断研发新的武器，如石矛、弓箭等，这些武器的出现极大地增强了人类的战斗力。同时，战争还促使人们重视军事训练，将格斗技能作为军事训练的重要内容之一，从而进一步推动武术发展。

（三）文化交融：武术内涵丰富

史前人类文化交融是武术内涵丰富的重要源泉。在长期的生存斗争中，史前人类逐渐形成了各具特色的文化体系，这些文化体系在交流中不断融合、碰撞，产生了新的思想火花。武术作为史前文化的重要组成部分，在交融的过程中不断吸收其他文化的精华，形成了更加丰富多彩的内涵。

例如，史前人类在祭祀、舞蹈等活动中融入了格斗技能，形成了具有独特韵味的武术表演形式。这些表演形式不仅展示了史前人类的英勇和力量，还传递了他们对生命、自然和宇宙的理解。此外，史前人类还通过口头传承、图腾崇拜等方式将武术技能和经验传递给后代，使得武术文化得以延续和发展。

（四）哲学思想：武术精神的升华

史前人类的哲学思想对武术精神的升华起到了重要作用。在长期的生存斗争中，史前人类逐渐形成了对生命、宇宙和自然的深刻认识，这些认识成为他们指导实践、追求真理的重要思想武器。武术作为史前人类实践活动的重要组成部分，自然也受到了哲学思想的影响和熏陶。

史前人类哲学思想强调人与自然的和谐共生、身心合一等理念，这些理念在武术中得到了充分体现。武术不仅注重外在的搏击技能和身体素质的训练，更强调内在的修养和精神境界的提升。通过长期的武术修炼，史前人类逐渐形成了坚韧不拔、自强不息的武术精神，这种精神成为他们面对困难、挑战时的重要支撑力量。同时，武术还融入了道家、儒家等哲学思想中的精髓，形成了独具特色的武术文化体系。

综上所述，史前人类生存技能与武术萌芽紧密相连。生产劳动为武术的萌芽提供了必要的土壤和条件；部落战争推动了格斗技能的形成和发展；文化交融丰富了武术的内涵；哲学思想则升华了武术的精神。这些因素共同作用，推动武术从史前时期的萌芽状态逐渐发展成为具有丰富内涵和独特魅力的武术文化。

二、古代神话传说中的武术元素

（一）神话英雄与武术技艺的传奇化

在古代神话传说中，众多英雄人物以其超凡的武术技艺成为后世传诵的佳话。这些英雄不仅力大无穷，而且掌握了种种神秘的武术技巧，能够以一己之力对抗强大的敌人或自然力量。他们的形象被赋予了浓厚的传奇色彩，成为武术技艺的象征和化身。

神话英雄的武术技艺往往超越了常人的想象，如飞檐走壁、腾云驾雾、拳风如雷等，这些描述不仅展现了武术的神奇魅力，也寄托了古人对力量和自由的向往。通过神话传说的传播，武术技艺被赋予了神圣性和权威性，进一步激发了人们对武术的热爱和追求。

（二）神话世界观对武术理念的塑造

古代神话传说构建了一个丰富多彩的世界观，其中蕴含着对宇宙、自然、人类社会的深刻理解和独特见解。这种世界观对武术理念的塑造产生了深远的影响。在神话传说中，武术不仅是身体力量的展现，更是心灵、意志、智慧的综合体现。

神话世界观强调人与自然的和谐共生，认为武术的修炼应当顺应自然规律，追求内外合一、天人合一的境界。同时，神话传说也赋予了武术以道德和伦理的内涵，强调武术应当用于正义和善良的事业，反对滥用武力和欺凌弱小。这些理念在武术的传承和发展中得到了广泛的认同和传承。

（三）神话符号与武术动作的象征意义

古代神话传说充满了各种神秘而富有象征意义的符号和元素，这些符号和元素在武术动作中得到了生动的体现。例如，龙、凤、虎、豹等神兽形象在武术中被广泛运用，形成了各种独特的拳法和招式。这些神兽不仅代表力量和威严，而且寄托着古人对吉祥、幸福、勇敢等美好品质的向往和追求。同时，神话传说中的兵器也常常被融入武术动作之中，如剑、刀、枪、棍等。这些兵器不仅具有实战价值，而且承载着丰富的文化内涵和象征意义。例如，剑被誉为"百兵之王"，象征着正义和勇气；刀则代表勇猛和果敢；枪则寓意长远和精准；棍则象征刚直和坚韧。这些兵器的运用不仅丰富了武术的表现形式，也深化了武术的文化内涵。

（四）神话传承与武术文化的积淀

古代神话传说作为传统文化的重要组成部分，对武术文化的积淀和传承起到了重要作用。神话传说通过口头传承、文字记载、艺术创作等多种形式得以流传至今，其中蕴含的武术元素也随之得以保存和传承。

在神话传承过程中，武术文化不断得到丰富和发展。一方面，神话传说中的武术技艺和理念为武术的修炼提供了宝贵的借鉴和启示。另一方面，武术文化也通过神话传说的传播而更加深入人心，成为人们生活中不可或缺的一部分。

此外，神话传承还促进了武术文化的国际交流。随着全球化进程的加速，越来越多的国家和地区开始关注和研究中国传统文化，其中就包括武术文化。神话传说作为武术文化的重要载体之一，在国际交流中发挥着重要作用，为武术文化的传播和推广作出了积极贡献。

三、远古图腾崇拜与武术初貌

（一）图腾崇拜与武术起源的神秘纽带

远古时代，图腾崇拜是原始社会普遍存在的文化现象，它不仅是先民们对自然力量的敬畏与崇拜，也是他们寻求群体认同、构建社会秩序的重要方式。图腾，作为部落或氏族的象征，往往与某种动物、植物或自然现象紧密相连，这些图腾形象不仅蕴含着丰富的文化意义，还在无形中影响了武术的形态。

图腾崇拜促使先民们在日常生活中模仿图腾动物的姿态与习性，这种模仿不仅增强了他们的身体素质，也孕育了最初的武术动作。例如，模仿虎之勇猛、豹之迅捷、鹰之锐利等，这些动作逐渐演变为武术中的拳法、腿法、身法等基本技巧。图腾崇拜也因此成了武术起源的一条神秘纽带，将自然之力与人体潜能紧密相连。

（二）图腾仪式中的武术元素展现

远古图腾崇拜往往伴随着一系列仪式，这些仪式不仅是宗教信仰的体现，也是展现武术元素的舞台。在图腾仪式中，先民们通过舞蹈、歌唱、搏斗等形式表达对图腾的崇拜与敬畏，这些活动中蕴含着大量的武术元素。

舞蹈是图腾仪式中重要组成部分，先民们通过模仿图腾动物的动作编排舞蹈，这些舞蹈动作往往具有高度的技巧性和观赏性，同时也具有一定的实战价值。在舞蹈演练中，先民们的身体协调性、灵活性和力量得到了锻炼和提升，为武术的发展奠定了基础。

此外，图腾仪式中的搏斗环节也是武术元素的重要展现机会。先民们通过模拟与图腾动物的搏斗训练自己的格斗技能，这些搏斗技巧在实战中得到了检验和完善，逐渐形成了具有特色的武术流派和技法。

（三）图腾信仰对武术精神的塑造

图腾信仰不仅影响了武术的初步形态和表现形式，还深刻地塑造了武术的精神内涵。图腾作为部落或氏族的守护神，其形象和品质成为先民们追求和效仿的榜样。在图腾信仰的熏陶下，先民们形成了坚韧不拔、勇猛果敢、团结协作等优秀的武术精神。

这些武术精神在武术的传承和发展中得到了不断的弘扬和强化。武术练习者通过不断修炼和磨砺，不仅提升了自身的身体素质和格斗技能，还培养了先民高尚的道德品质和坚韧不拔的意志品质。这些品质使得武术不仅是一种体育运动或格斗技能，而且成为一种具有深刻文化内涵和精神价值的生活方式。

（四）图腾文化在武术传承中的影响

图腾文化作为远古时代重要的文化遗产，对武术的传承和发展产生了深远的影响。图腾形象、图腾仪式以及图腾信仰等元素在武术的传承中得到了不同程度的保留和传承，成为武术文化的重要组成部分。

在武术传承中，图腾文化不仅为武术提供了丰富的历史背景和文化内涵，还促进了武术与其他文化形式的交流与融合。例如，武术与舞蹈、音乐、绘画等艺术形式的结合，就体现了图腾文化在武术传承中的独特作用。这些结合不仅丰富了武术的表现形式和艺术魅力，还拓宽了武术的传播渠道和受众范围。

同时，图腾文化还促进了武术在国际的传播与交流。随着全球化的加速推进，越来越多的国家和地区开始关注和研究中国传统文化，其中包括武术文化。图腾文化作为武术文化的重要组成部分之一，在国际交流中发挥着重要作用，为武术文化的传播和推广作出了积极贡献。

四、武术在原始社会中的功能与作用

（一）生存技能与自卫防御

在原始社会，武术最初的功能是作为生存技能与自卫防御的手段。面对恶劣的自然环境和凶猛的野兽侵袭，原始人类需要掌握一定的搏斗技巧来保护自己及部落成员的安全。武术中的拳打脚踢、投掷、摔跤等基本技能，都是在这一需求下逐渐形成的。这些技能不仅帮助原始人类抵御了野兽的攻击，还在部落间的冲突中发挥了重要作用，成为保护领地和资源的重要力量。

武术在原始社会的生存技能作用还体现在狩猎活动中。原始人类通过练习武术，提高了自身的敏捷性、力量和协调性，从而能更有效地捕获猎物，确保食物来源稳定。这种生存技能的掌握，对于原始社会的生存和发展具有重要的意义。

（二）身体锻炼与体质增强

除了生存技能外，武术在原始社会还起到了锻炼身体与增强体质的作用。原始社会的生存环境恶劣，人们需要不断劳动和奔跑以获取食物和逃避危险。这种高强度的体力活动要求原始人类具备良好的身体素质。武术作为一项综合性的体育运动，通过练习拳法、腿法、身法等技巧，可以有效地锻炼人体的肌肉、骨骼、关节和内脏器官，提高人体力量、速度、耐力、柔韧性和协调性。这种身体锻炼不仅有助于原始人类适应恶劣的生存环境，还为他们提供了更多的生存机会和竞争优势。

（三）社会教化与行为规范

在原始社会中，武术还承载着社会教化与行为规范的功能。武术不仅仅是一项体育运动或格斗技能，更是一种文化现象和社会活动。通过对武术的传授和练习，原始社会中的长辈和领袖可以将自己的价值观、道德观和行为规范传递给年轻一代。武术中的礼仪、纪律、尊重等要素，都是社会教化的重要内容。通过修炼武术，原始人类逐渐形成了遵守规则、尊重长辈、团结协作等良好的社会风气和行为习惯。这种社会教化作用对于维护原始社会的稳定和秩序具有重要意义。

（四）精神寄托与信仰表达

在原始社会，武术还成了一种精神寄托与信仰表达方式。面对未知的自然现象和生死的困惑，原始人类往往将武术视为一种与神灵沟通、祈求庇护的途径。在武术形成过程中，他们通过模拟图腾动物的姿态和动作表达对神灵的敬畏和崇拜之情。同时，武术中的英勇、果敢、坚韧等品质也被视为神灵赋予的恩赐和力量源泉。这种精神寄托与信仰表达不仅为原始人类提供了心理安慰和精神支撑,还增强了他们的凝聚力和向心力。

(五)文化传承与民族认同

武术在原始社会还扮演着文化传承与民族认同的重要角色。武术作为原始文化的重要组成部分之一,通过代代相传得以延续和发展。在传承过程中,武术不仅保留了原始社会的文化基因和民族精神,还不断地吸收新的文化元素和时代特征,形成了丰富多彩、独具特色的武术文化体系。这种文化传承不仅有助于维护民族文化的连续性和完整性,还促进了民族间的交流与融合。同时,武术也成了民族认同的重要标志之一。通过修炼武术和传承,人们能够感受到自己所属民族的文化底蕴和精神特质,从而增强民族自豪感和归属感。这种民族认同感的形成对于维护民族团结和社会稳定具有重要意义。

第二节 古代武术的演变历程

一、夏商周时期的武术发展

(一)武术技艺的萌芽与军事化实践

夏商周时期,作为中国古代文明的奠基阶段,武术技艺在这一时期开始萌芽并逐渐走向军事化实践。随着部落联盟的形成与国家的建立，战争与冲突成为常态，促使武术从原始的生存技能向有组织、系统的军事技能训练转变。这一时期，武术技艺的萌芽主要体现在对身体素质的提升、简单格斗技巧的探索以及兵器的使用上。士兵们通过日常的体能训练、徒手搏斗练习以及兵器操作训练，逐渐掌握了基本的战斗技能，为战场上的胜利奠定了坚实的基础。同时，军事化实践也推动了武术技艺的快速发展，使其更加适应战争的需要，成为维护国家安全和领土完整的重要力量。

（二）礼仪教化与武术精神的融合

在夏商周时期，礼仪教化被视为维护社会秩序、巩固统治地位的重要手段。而武术，作为一种身体力行、直接体现力量与技巧的技艺，自然而然地融入了礼仪教化的范畴之中。这一时期，武术不仅仅是一种格斗技能，更是一种蕴含深厚文化内涵和道德精神的社会活动。在武术修炼过程中，人们注重培养尊师重道、谦逊有礼、勇于担当等优秀品质，这些品质与当时社会的礼仪教化相契合，共同塑造了武术独特的精神风貌。此外，武术还成了贵族阶层教育后代、传承家族荣誉的重要方式，通过修炼武术，年轻一代不仅能够掌握实战技能，更能够领悟武术背后的道德观念和人生哲理。

（三）兵器技术的进步与武术技法的创新

夏商周时期，随着生产力的提高和科学技术的进步，兵器技术得到了显著发展。从石器、骨器到青铜器的演变，不仅提高了兵器的杀伤力和耐用性，也为武术技法的创新提供了更多可能。在这一时期，武术技法开始注重兵器的使用与配合，形成了多种以兵器为主的武术流派和技法体系，如剑术、刀术、枪术等，这些技法不仅要求士兵熟练地掌握兵器的使用技巧，还强调身体与兵器的协调配合以及战术布局的运用。同时，随着武术技法的不断创新和完善，一些徒手格斗技巧也得到了进一步的发展和提高，如拳法、腿法、摔法等，这些技法在战场上同样发挥着重要作用。兵器技术的进步与武术技法的创新相互促进，共同推动了夏商周时期武术的发展。

二、春秋战国时期的武术变革

（一）军事需求下的武术技击体系完善

春秋战国时期，诸侯争霸，战争频繁，这一时期的军事需求极大地推动了武术技击体系的完善。为了应对复杂多变的战场环境，武术技击不再局限于简单的力量和速度比拼，而是更加注重策略性、灵活性和实用性。武术家开始深入研究人体结构、力学原理以及兵器的性能特点，从而创造出更加高效、精准的技击方法。同时，武术训练也更加注重实战模拟和对抗练习，通过不断的实战演练，士兵们能够熟练地掌握各种技击技巧和战术布局，提高整体作战能力。这一时期的武术技击体系不仅涵盖徒手格斗、兵器使用等多个方面，还形成了独特的流派和风格，为后世武术的发展奠定了坚实的基础。

（二）思想争鸣对武术理念的深刻影响

春秋战国时期，是中国历史上思想最为活跃的时期之一，各种学说流派纷纷涌现，形成了百家争鸣的局面。这种思想争鸣不仅促进了哲学、政治、文化等领域的繁荣，也对武术理念产生了深刻影响。儒家思想强调仁爱、礼制和中庸之道，这些观念渗透进了武术领域，使得武术在追求技击效果的同时，也注重道德修养和礼仪规范。道家思想则主张顺应自然、无为而治，对武术的修炼方法和境界追求产生了深远影响，推动了武术向更加内敛、深邃的方向发展。墨家、法家等学派的思想也对武术理念产生了不同程度的影响，使得武术在春秋战国时期呈现出多元化、包容性的发展趋势。

（三）兵器技术的革新与武术技法的多样化

春秋战国时期，随着铁器的广泛应用和铸造技术的提高，兵器技术得到了前所未有的革新。铁制兵器的出现极大地提高了兵器的杀伤力和耐用性，也为武术技法的多样化提供了更多可能性。在这一时期，各种新型兵器如剑、刀、戟、矛等不断涌现，每种兵器都有其独特的性能和特点，要求武术家们掌握不同的使用技巧和战术布局。同时，随着兵器技术的革新，武术技法也呈现出多样化的特点。除了传统的拳法、腿法外，还出现了许多以兵器为主的技法体系，如剑术、刀术、枪术等。这些技法体系不仅丰富了武术的表现形式和文化内涵，也提高了武术的实战效能和观赏性。

（四）武术在民间社会的广泛传播与普及

春秋战国时期，随着社会的变革和经济的发展，武术逐渐从军事领域向民间社会传播和普及。在这一时期，许多武术家开始走出军营，到民间传授武艺，使得武术在民间得到了广泛的传播和发展。同时，随着商业和手工业的繁荣，武术也成了人们娱乐休闲的重要方式之一。各种武术表演、比赛活动在民间兴起，吸引了大量观众和爱好者参与。这些活动不仅丰富了人们的文化生活，也促进了武术技艺的交流和提高。此外，武术在民间社会的广泛传播还推动了武术文化的形成和发展，使得武术不仅仅是一种技击技能，更是一种蕴含深厚文化内涵和民族精神的社会活动。

三、秦汉至隋唐的武术繁荣

（一）国家统一与武术制度的建立

秦汉至隋唐时期，中国经历了从分裂到统一、再到更加巩固的历史进程。国家的统一为武术的发展提供了稳定的政治环境和社会基础。在这一时期，为了加强军事力量和民众的身体素质，历代统治者都高度重视武术的发展，相继制定了一系列与武术相关的制度和规范。这些制度包括武术训练体系、武举制度、武官选拔制度等，它们不仅促进了武术技艺的传承和普及，也为武术人才的培养和选拔提供了制度保障。通过实施这些制度，武术逐渐从一种民间技艺上升为国家重视的军事和体育项目，其地位和作用也得到了显著提高。

（二）武术技法的精细化与流派分化

秦汉至隋唐时期，随着武术技艺的不断积累和传承，武术技法逐渐走向精细化，并形成了众多流派和风格。在这一时期，武术家们对技法的研究更加深入，不仅注重技击效果的提高，还开始探索技法的内在规律和美学价值。他们通过不断实践和创新，创造出许多精妙绝伦的技击方法和战术布局，使得武术技法更加丰富多彩、变化多端。同时，随着武术技法的精细化，流派分化也成为这一时期武术发展的重要特征。不同的地域、文化背景和师承关系孕育出各具特色的武术流派，如少林派、武当派、峨眉派等，这些流派在技法、理念、传承方式等方面都呈现出鲜明的个性特点，共同构成了武术文化的多元格局。

（三）武术文化的普及与社会功能的拓展

秦汉至隋唐时期，随着社会的稳定和经济的发展，武术文化也逐渐普及到了社会各个阶层和领域。在这一时期，武术不仅成为军事训练和战场作战的重要手段，还渗透进了人们的日常生活中，成为强身健体、休闲娱乐的重要方式。无论是皇室贵族还是平民百姓，都对武术产生了浓厚的兴趣和热爱。他们通过参与武术练习、观看武术表演和比赛等活动，不仅提高了身体素质和技击能力，还增进了彼此之间的交流和友谊。此外，武术还逐渐承担起了社会教化的功能，成为培养人们道德品质、精神风貌和爱国情怀的重要途径。通过武术的修炼和传承，人们能够领悟许多人生哲理和道德观念，从而更加自觉地遵守社会规范、维护社会秩序。

（四）内外兼修与武术哲学的深化

秦汉至隋唐时期，武术的发展还体现在内外兼修和武术哲学的发展上。在这一时期，武术家们开始注重身体锻炼与心灵修养的有机结合，强调在修炼武术技艺的同时，也要注重内心的修炼和精神的提升。他们通过冥想、呼吸控制、心理调适等方法来培养自己的意志品质、专注力和自我控制能力，使得武术修炼成为一种身心并进的全面修养方法。同时，随着武术实践的深入和理论研究的加强，武术哲学也逐渐形成并深化。武术家们开始从哲学的高度来审视武术的本质和价值，探索武术与宇宙、自然、人生之间的关系和规律。他们提出的许多哲学思想和理论观点，不仅丰富了武术文化的内涵和外延，也为后世的武术发展提供了重要的思想资源和理论支撑。

四、宋元明清武术的成熟与定型

（一）宋代武术的繁荣与规范

宋代是中国武术发展史上的一个关键时期，其武术活动在军事与民间两个领域均取得了显著成就。在军事武艺方面，宋代军队注重武艺的考核与训练，形成了完善的武艺训练体系。元丰二年（1079年）颁布的《教法格并图像》详细规定了步射、马射及野战格斗等技艺的法像，使得军士能够系统地学习和训练。同时，宋代还设立了专门的武艺考核标准，如《在京校试诸军技艺格》将步射、枪、刀等技艺分为上、中、下三等，进一步推动了军队武艺的规范化。

在民间武术方面，宋代武术逐渐从军事武艺中分离出来，形成了独具特色的民间武术体系。这一时期，民间武术活动广泛普及，拳术、器械、拳械套路等形式多样，内容丰富。宋代文人墨客对武术也情有独钟，他们不仅参与武术活动，还将其融入了文学创作之中，如《水浒传》等文学作品就包含了大量的武术元素。此外，宋代还涌现出了一批武术理论著作，如《武经总要》等，这些著作对武术技理进行了深入的探讨和总结，为后世武术的发展奠定了坚实基础。

（二）元代武术的融合与创新

元代是中国历史上一个多元文化交融的时期，其武术发展也呈现出融合与创新的特点。在元代,汉族与蒙古族等少数民族之间的文化交流促进了武术的整合与改良。禅宗武术在元代发扬光大,以河南少林寺为代表的禅宗武术流派在元代达到了新的高度,太极拳等武术形式也在此时萌芽。此外,元代武术还吸收了其他民族的武术元素,形成了独具特色的武术风格。

在武术技法上,元代武术更加注重实用性和精简性,强调技法的简练与实用。同时,元代武术还注重身体素质和反应能力的培养,通过严格的训练提高武者的综合素质。这些特点使得元代武术在实战中具有较高的应用价值,也为后世武术的发展提供了有益的借鉴。

(三)明代武术的成熟与体系化

明代是中国武术发展的一个重要阶段,其武术体系逐渐成熟并趋于完善。在明代,民间武术活动空前活跃,诸家拳术与器械门类大量出现,形成了丰富多彩的武术流派。同时,明代武术家们开始注重武术理论的总结和研究,涌现出了一批武术理论著作,如戚继光的《纪效新书》等。这些著作对武术技理进行了深入的探讨和阐述,为后世武术发展提供了重要的理论支撑。

在武术技法上,明代武术注重技法的多样性和综合性,强调拳、腿、肘、膝等身体各部位的协调配合。同时,明代武术还注重攻防转换和战术运用,使得武术在实战中更加灵活多变。此外，明代武术还注重套路的编排和演练，通过套路的演练提高武者的技艺水平和身体素质。这些特点使得明代武术在技术上和理论上都达到了一个新的高度。

（四）清代武术的门派化与理论化

清代是中国武术发展的又一个高峰期，其武术活动在民间得到了广泛的普及和发展。在清代，武术逐渐形成了门派化、理论化、套路化的特点。各门派之间既有交流又有竞争，推动了武术技术的不断创新和发展。同时，清代武术家们还注重对武术理论的总结和提炼，形成了各具特色的武术理论体系。

在武术技法上，清代武术注重技法的精细化和实用性，强调招式的精准和力量的集中。同时，清代武术还注重内功的修炼和气功的运用，通过内功的修炼提高武者的身体素质和技击能力。此外，清代武术还注重套路的编排和演练的规范化，使得武术套路更加严谨和富有观赏性。这些特点使得清代武术在技术和理论上达到了一个新的境界。

综上所述，宋元明清时期是中国武术发展的重要阶段。这一时期，武术经历了从军事武艺向民间武术的转移和从简单到复杂、从低级到高级的演变过程。通过不断的融合与创新、总结与提炼，中国武术逐渐形成了独具特色的技术体系和理论体系，为后世武术的发展奠定了坚实基础。

第三节　武术与古代社会文化的交融

一、武术与古代军事制度的关联

（一）武术是军事训练的核心内容

在古代中国，武术与军事制度之间存在紧密而不可分割的联系。武术，作为提升士兵身体素质、战斗技能和战术意识的重要手段，一直是军事训练的核心内容。从春秋战国时期的"角力""手搏"到秦汉时期的"武艺"考核，再到唐宋明清各朝代的军事训练体系，武术始终贯穿于军事训练过程之中。通过武术训练，士兵能掌握各种格斗技巧、兵器使用方法和战术布局，从而在战场上发挥更大的战斗力。这种以武术为核心的军事训练制度，不仅增强了军队的战斗力，也促进了武术技艺的发展和完善。

（二）军事制度对武术技艺的规范与推动

古代军事制度对武术技艺的发展起到了重要的规范和推动作用。军事制度通过制定严格的武艺考核标准和训练规范，确保士兵能够掌握标准化的武术技艺和战术布局。这种规范化的训练方式不仅提高了士兵们的战斗素养，也促进了武术技艺的标准化和传承。同时，军事制度还通过设立武举、武状元等选拔机制，激发了人们对武术技艺的追求和热情，推动了武术技艺的普及和发展。在这种制度下，武术技艺逐渐形成了多样化的流派和风格，为后世武术的繁荣奠定了基础。

（三）武术在军事战略与战术中的应用

武术不仅仅是士兵个人战斗技能的提升手段，更是军事战略与战术的重要组成部分。在古代战争中，武术技艺被广泛应用于侦察、突袭、防御等各个环节。例如，在侦察任务中，轻功高强的斥候能够悄无声息地接近敌营获取情报；在突袭任务中，擅长近战格斗的士兵能够快速突破敌方防线；在防御任务中，精通兵器使用和阵法布局的士兵则能够构建起坚固的防线抵御敌军的进攻。此外，武术中的许多战术思想也被融入军事战略之中，如"以静制动""以柔克刚"等理念在军事战略中得到了广泛应用。这些战术思想不仅丰富了军事战略的内涵，也提高了战争的艺术性和胜算率。

（四）军事文化对武术精神的塑造与传承

古代军事文化对武术精神的传承与塑造起到了重要作用。军事文化强调忠诚、勇敢、牺牲等价值观念，这些价值观念在武术精神中得到了充分体现。武术家通过长期的武术修炼和实战经验积累，逐渐形成了坚韧不拔、勇于挑战、敢于胜利的精神风貌。这种精神风貌不仅激励着武术家在武术技艺上不断地追求卓越，也影响着整个社会的价值取向和道德观念。同时，军事文化还通过各种仪式和庆典活动来传承和弘扬武术精神，如阅兵式、比武大会等活动不仅展示了武术技艺的精湛和威武，也传递了武术精神的内涵和力量。

（五）武术与军事制度相互影响的深远意义

武术与古代军事制度之间的相互影响具有深远的历史意义。一方面，武术作为军事训练的核心内容推动了军事制度的发展和完善。另一方面，军事制度对武术技艺的规范与推动又促进了武术技艺的普及和传承。这种相互影响不仅提升了古代军队的战斗力和战争的艺术性，也丰富了中华文化的内涵和外延。同时，武术与军事制度的紧密关联还为人们理解古代社会结构、军事文化和民族精神提供了重要的视角和线索。在今天这个和平与发展的时代，人们依然可以从武术与军事制度的关联中汲取智慧和力量来推动社会进步和发展。

二、武术在民间习俗与节日中的体现

（一）将武术融入民间节日庆典的深厚传统

在中国古代，武术不仅仅是一种战斗技能，更是一种深受民众喜爱的文化表现形式，它深深地融入了各种民间节日庆典之中。从春节的舞龙舞狮、元宵节的武术表演，到端午节的龙舟竞渡（虽非直接武术，但体现了力与技的结合,以及民间对勇武精神的崇尚),再到中秋节的赏月比武等活动,武术都是不可或缺的元素。这些节日庆典中的武术表演,不仅增添了节日的喜庆气氛,也展现了民众对武术文化的热爱与传承。通过这些活动,使武术技艺得以在民间广泛传播,其精神内涵也逐渐深入人心。

(二)武术作为民间信仰与习俗的载体

在古代中国,武术还常常作为民间信仰与习俗的载体,承载着人们对力量、勇气、正义等美好品质的向往和追求。许多地方都有供奉武神的庙宇,如关帝庙、岳飞庙等,这些庙宇不仅是人们祈福求安的地方,也是武术爱好者交流技艺、传承文化的场所。在特定的节日或纪念日,人们会举行盛大的武术表演和祭祀活动,以表达对武神的敬仰之情,并祈求武神保佑自己及家人的平安健康、事业有成。同时,武术也被视为一种驱邪避害、保家卫国的手段,许多家庭都会让子女学习武术以增强体质、防范不测。

(三)武术在民间婚嫁习俗中的独特作用

武术在民间婚嫁习俗中扮演着独特的角色。在古代中国,婚嫁是人生大事,不仅关系到两个人的幸福,也涉及两个家庭的荣誉和地位。因此,在婚嫁中,往往会举行一系列烦琐而隆重的仪式。在这些仪式中,武术往往被用作展示新郎或新娘家族力量与地位的方式之一。例如,有些地方会要求新郎在迎娶新娘时展示其武术技艺,以证明自己有足够的能力保护新娘及未来的家庭；还有的地方则会在婚礼上安排武术表演作为助兴节目，以增添喜庆气氛并展示家族的荣耀。这些习俗不仅体现了武术在民间社会中的重要地位，也反映了人们对力量与勇气的崇尚和追求。

综上所述，武术在民间习俗与节日中的体现是多方面的、深层次的。它不仅是一种文化表现形式和艺术创作手段，更是一种精神寄托和信仰象征。通过融入民间节日庆典、作为民间信仰与习俗的载体以及在婚嫁习俗中的独特作用等，武术得以在民间社会中广泛传播并深入人心。这种传播与传承不仅丰富了中华文化的内涵和外延，也促进了武术技艺的不断发展与完善。在今天这个快速变化的时代，人们依然可以从武术在民间习俗与节日中的体现中感受那份古老而深沉的文化底蕴和精神力量。

三、武术与古代文学艺术的相互影响

（一）武术元素在古代文学中的渗透与融合

在古代文学作品中，武术元素如同一股强劲的东风，吹拂着文学的殿堂，为其增添了无限的生机与活力。从先秦的《诗经》到汉代的乐府诗，再到唐宋的诗词，乃至明清的小说戏曲，武术始终作为一种重要的文化符号，渗透进文学的各个角落。诗人们以武术为题材，抒发豪情壮志，描绘英雄形象；小说家们则将武术融入故事情节，构建了一个个惊心动魄的武侠世界。这些作品不仅展现了武术的技艺之美，更深入地挖掘了武术背后的精神内涵，如忠诚、勇敢、坚韧不拔等品质，使得武术文化在文学领域得到了广泛的传播。

（二）古代文学艺术对武术美学的塑造与提升

古代文学艺术对武术美学的塑造与提升同样不可忽视。文学作品通过细腻的笔触和丰富的想象力，将武术技艺的动态美、力量美、节奏美等特质展现得淋漓尽致。诗人以诗意的语言描绘武术的飘逸与灵动，画家则以笔墨勾勒武术的刚劲与柔美。这些艺术表现手法不仅增强了武术的观赏性，也提升了武术的文化品位。同时，文学艺术还通过对武术精神的深入挖掘和提炼，赋予武术以更高层次的美学价值。它使武术不仅仅是一种战斗技能，更是一种追求真善美、完善人格的文化载体。

（三）武术与古代音乐、舞蹈艺术的相互借鉴与融合

武术与古代音乐、舞蹈艺术之间也存在密切的相互借鉴与融合关系。在古代，武术训练常常伴随着音乐的节奏进行，以增强动作的协调性和节奏感。同时，武术中的许多动作和招式也借鉴了舞蹈的柔美与流畅，使得武术在刚劲有力的同时又不失优雅与和谐。反过来，音乐和舞蹈也从武术中汲取了灵感和元素，丰富了自身的表现力和艺术魅力。例如，古代宫廷舞蹈中常常融入武术元素，以展现皇家的威严与力量；而民间舞蹈则更多

地吸收了武术的实用性和趣味性,使得舞蹈更加贴近民众生活。这种相互借鉴与融合不仅促进了武术与音乐、舞蹈艺术的发展,也丰富了中华文化的多样性和包容性。

综上所述,武术与古代文学艺术之间的相互影响是深远而广泛的。武术元素在古代文学中的渗透与融合为文学作品增添了新的色彩和活力;古代文学艺术对武术美学的塑造与提升则使得武术文化更加丰富多彩、深入人心;而武术与古代音乐、舞蹈艺术的相互借鉴与融合则进一步拓宽了武术文化的边界和内涵。这种相互影响不仅促进了武术与文学艺术的发展与繁荣,也为人们今天理解和传承中华优秀传统文化提供了宝贵的启示和借鉴。

四、武术与古代哲学思想的融合渗透

(一)武术理念与道家哲学的契合

武术与道家哲学的融合,体现在对"道"的追求与体悟上。道家哲学强调"道法自然",追求人与自然的和谐统一,这种思想深刻地影响了武术的理念与实践。武术家在修炼过程中,注重内外兼修,强调通过调整呼吸、凝神静气达到身心合一的境界,这正是道家"无为而治""顺应自然"思想的体现。同时武术中的许多招式和技巧,也蕴含着道家阴阳平衡、刚柔相济的哲学思想,如太极拳的以柔克刚、四两拨千斤,便是道家哲学在武术中的具体运用。这种契合不仅丰富了武术的内涵，也使得武术成了一种修身养性、追求生命真谛的途径。

（二）武术精神与儒家伦理的交融

武术与儒家伦理的交融，主要体现在对"仁、义、礼、智、信"等道德规范的传承与弘扬上。儒家思想强调个人修养与社会责任，提倡以"仁"为核心的价值观念。武术家们在修炼武术的同时，也注重培养自己的道德品质，将武术视为一种修身齐家治国平天下的手段。他们通过武术磨砺意志、锻炼体魄，而且通过武术践行儒家伦理，如尊师重道、见义勇为、以德服人等。这种交融不仅使武术成为一种具有深厚文化底蕴的体育项目，也使武术家成为社会道德的楷模和典范。

（三）武术技法与兵家战略相通

武术技法与兵家战略的相通之处，在于它们都追求以最小的代价取得最大的胜利。兵家战略强调运筹帷幄之中，决胜千里之外，注重战略布局和战术运用；而武术技法则强调以巧取胜、以智克敌，注重技巧和策略的运用。在武术修炼过程中，武术家们需要不断研究对手的弱点和破绽，寻找最佳的攻击时机和方式，这与兵家战略中"知己知彼，百战不殆"的原则不谋而合。同时，武术中的许多招式和技巧也蕴含着兵家战略的智慧和精髓，如"以静制动""以退为进"等策略在武术中也得到了广泛的应用。

这种相通不仅提升了武术的实战价值，也使得武术成了一种具有战略思维和文化内涵的体育项目。

（四）武术哲学与佛家禅意的融合

武术哲学与佛家禅意的融合，主要体现在对"空"与"静"的领悟上。佛家禅意强调"心无挂碍""无我"的境界，追求内心的平静与超脱。在武术的修炼过程中，武术家们也需要达到一种"心静如水"的状态，以便更好地感知对手的动作和意图，并作出准确的反应。这种对"静"的追求与佛家禅意中的"定"有异曲同工之妙。同时，武术中的许多招式和技巧也蕴含着佛家禅意的智慧，如"空手入白刃"便是对"空"的极致运用。这种融合不仅使武术成为一种具有深刻哲学内涵的体育项目，也使武术家们在修炼过程中能够领悟到生命的真谛和宇宙的奥秘。

第二章 武术哲学思想探析

第一节 阴阳五行与武术理论的构建

一、阴阳学说在武术理论中的应用

(一)阴阳学说与武术理论的融合

阴阳学说,作为中国古代哲学的核心思想之一,也深刻地影响着中国传统武术的理论体系。阴阳学说认为,宇宙间万物皆由阴阳二气构成,阴阳相互依存、相互制约、相互转化,是推动事物发展的根本动力。在武术理论中,阴阳学说被赋予丰富的内涵,成为构建武术理论框架的重要基石。

武术中的"动静""刚柔""虚实""开合"等概念,均源于阴阳学说。太极拳作为内家拳的代表,其动作设计充分体现了阴阳的相互转化与和谐统一。在太极拳中,动为阳、静为阴;刚为阳、柔为阴;实为阳、虚为阴;开为阳、合为阴。这些对立统一的元素在太极拳中得到了完美的融合,形成了太极拳独特的韵味和风格。通过练习太极拳,武者不仅能够强身健体,还能够领悟阴阳之道,达到身心合一的境界。

（二）阴阳学说在武术技击中的应用

阴阳学说在武术技击中的应用同样广泛而深入。在武术技击中，阴阳学说被用来指导攻防策略的制定和实施。武者需要灵活运用阴阳变化，根据对手的动作和意图，及时调整自己的攻防姿态和策略。例如，在进攻时，武者可以运用阳刚之力，快速、猛烈地攻击对手；在防守时，则可以运用阴柔之力，化解对手的攻击，并寻找反击的机会。这种攻防转换，实际上就是阴阳相互转化。

此外，阴阳学说还强调"知己知彼"的重要性。在武术技击中，武者需要充分了解自己和对手的实力、技术特点、心理状态等因素，以便制定出更加有效的攻防策略。这种"知己知彼"的思想，与阴阳学说中"阴阳平衡"的理念相契合，都是追求在复杂多变的环境中保持自身的稳定和优势。

（三）阴阳学说对武术修炼的指导意义

阴阳学说对武术修炼同样具有重要的指导意义。在武术修炼中，武者需要注重内外兼修、阴阳平衡。内修主要指的是武者对武术精神、武术文化的理解和领悟；外修则是指武者通过练习武术动作、提高身体素质等方面的训练。阴阳学说认为，内外兼修、阴阳平衡是武术修炼的最高境界。

只有达到这种境界，武者才能在实战中发挥最大的威力，同时也能够保持身心的健康和平衡。

为了实现阴阳平衡，武者在修炼过程中需要注重调节呼吸、调整体态、调整心态等。例如，在练习太极拳时，武者需要保持呼吸自然、顺畅，以便更好地调节身体内部的阴阳之气；同时还需要保持身体的中正自然，以便更好地体现阴阳和谐之美。这些修炼方法不仅有助于提高武者的技术水平，还有助于培养武者的内在修养和气质。

（四）阴阳学说在武术传承与发展中的作用

阴阳学说在武术传承与发展中同样发挥着重要作用。作为中国传统文化的瑰宝之一，武术承载着丰富的历史和文化内涵。阴阳学说作为武术理论的重要组成部分，为武术的传承与发展提供了重要的思想支撑和理论指导。

在武术传承过程中，阴阳学说被赋予弘扬武术文化的使命。通过学习和领悟阴阳学说中的哲学思想和文化内涵，武者能够更好地理解武术的本质和精髓，从而更加自觉地传承和发展武术事业。同时，阴阳学说也为武术的创新和发展提供了广阔的空间和可能。在阴阳学说的指导下，武者可以不断地探索新的武术技法和理论体系，从而推动武术事业的不断进步和发展。

二、五行学说对武术技术体系的阐释

（一）五行学说与武术技术体系的理论基础

五行学说，作为中国古代哲学的重要组成部分，以其独特的生克制化理论，为武术技术体系的构建提供了深厚的理论基础。五行学说认为，金、木、水、火、土五种元素相互关联、相互作用，共同构成了宇宙万物的基本框架。在武术技术体系中，五行学说被巧妙地运用，将人体的生理机能、动作形态与五行属性相结合，形成了独具特色的武术技术体系。

具体而言，五行学说中的金、木、水、火、土分别对应武术中的不同技术特点和风格。金性刚硬，象征着武术中的刚猛之力；木性生发，代表武术的灵活与变化；水性柔顺，体现了武术中的以柔克刚；火性热烈，象征着武术中的迅猛与爆发力；土性厚重，则代表武术中的稳固与扎实。这些五行属性在武术技术体系中得到了充分的体现和运用，使得武术技术体系更加丰富多彩、博大精深。

（二）五行学说对武术动作设计的指导

五行学说在武术动作设计中同样发挥着重要的指导作用。根据五行学说的生克制化原理，武术动作的设计需要遵循一定的规律和原则。例如，在形意拳中，五行拳（劈、崩、钻、炮、横）就是根据五行学说创编而成的。

劈拳属金，动作刚猛有力；崩拳属木，动作快速灵活；钻拳属水，动作柔顺连贯；炮拳属火，动作迅猛爆发；横拳属土，动作稳固扎实。五行拳不仅具有独特的技术特点，而且相互之间存在生克制化的关系，使得形意拳的技术体系更加完整和协调。

此外，五行学说还指导着武术动作的节奏和力度变化。在武术动作中，需要根据五行属性的不同特点调整动作的节奏和力度。例如，在练习太极拳时，需要注重动作的阴阳转换和虚实变化，通过调整呼吸和意念引导动作的节奏和力度变化，使得动作更加流畅自然、和谐统一。

（三）五行学说对武术文化传承与创新的推动作用

五行学说不仅为武术技术体系的构建提供了理论基础和指导原则，还对武术文化的传承与创新产生了深远的影响。在武术文化的传承中，五行学说作为武术理论的重要组成部分被代代相传，使得武术文化得以延续和发展。同时，随着时代的变迁和社会的进步，五行学说也在不断地被赋予新的内涵和意义，为武术文化的创新提供了源源不断的动力。

在创新方面，五行学说为武术技术的创新提供了广阔的空间和可能。运用五行学说的生克制化原理探索武术新的技术组合和战术策略，会使其技术体系更加完善和丰富。同时，五行学说还可以与其他学科领域交叉融合和创新发展，为武术文化的传承与创新注入新的活力和动力。

三、阴阳五行与武术训练原则的融合

（一）阴阳平衡在武术训练中的核心地位

阴阳平衡是阴阳学说的核心理念，也是武术训练中应遵循的基本原则。在武术训练中，阴阳平衡不仅体现在身体的内外协调上，还贯穿于训练的全过程。一方面，武术训练强调内外兼修，既要通过外在的肢体运动来锻炼身体的柔韧性和力量，又要通过内在的呼吸调节和意念引导来保障气血的流畅和精神的集中。这种内外兼修的训练方式正是阴阳平衡在武术训练中的具体体现。另一方面，阴阳平衡还体现在训练强度的把握上。过强的训练会导致身体过度疲劳，甚至引发损伤；而过弱的训练则无法达到预期的训练效果。因此，在武术训练中需要根据个人的身体状况和训练目标合理安排训练强度和时间，使身体在适度的刺激下逐渐适应并提高。这种训练强度的把握也是阴阳平衡在武术训练中的重要应用。

（二）五行相生相克与武术训练的全面性

五行学说中的相生相克原理为武术训练的全面性提供了理论依据。五行相生相克揭示了自然界中事物之间相互依存、相互制约的关系，这种关系同样适用于武术训练。在武术训练中，需要注重各个技术环节的均衡发展，避免出现偏科或短板现象。

具体来说，武术训练应包括力量、速度、耐力、柔韧性、协调性等多个方面的训练内容。这些训练内容之间相互关联、相互促进，共同构成了武术训练的完整体系。例如，力量是武术技术的基础，但单纯追求力量而忽视其他方面的训练会导致技术动作僵硬、不协调；而柔韧性训练则有助于提高身体的灵活性和运动范围，为技术动作的完成提供更好的条件。因此，在武术训练中需要遵循五行相生相克的原理，注重各个方面的均衡发展，使身体达到最佳状态。

（三）阴阳五行与武术训练方法的创新

阴阳五行学说不仅为武术训练提供了理论基础和指导原则，还为武术训练方法的创新提供了无限可能。在阴阳五行学说指导下，武术训练方法可以结合现代科学知识和技术手段不断创新和发展。

一方面，可以借鉴现代运动科学的研究成果优化武术训练方法。例如，通过运动生理学和运动生物力学的研究深入了解人体在运动时的生理变化和力学特征，从而制订出更加科学合理的训练计划。这种结合现代科学知识的训练方法不仅可以提高训练效果，还可以减少运动损伤的发生。

另一方面，可以运用阴阳五行学说的思想创新武术训练方法。例如，在太极拳的训练中可以尝试将阴阳平衡的理念融入动作设计中去，通过调整动作的节奏、力度和呼吸来体现阴阳的相互转化及和谐统一。这种创新性的训练方法不仅有助于提高太极拳的技术水平，还可以增强练习者的身心健康和内在修养。

综上所述，阴阳五行学说与武术训练原则的融合是武术理论构建中的重要内容。通过阴阳平衡和五行相生相克的原理来指导武术训练实践，不仅可以提高训练效果和质量，还可以推动武术训练方法不断创新和发展。

四、阴阳五行视角下武术战术策略的制定

（一）阴阳平衡与武术战术策略的灵活性

在阴阳五行视角下，武术战术策略的制定首要遵循的是阴阳平衡的原则。阴阳平衡不仅指身体内外状态的和谐统一，更体现在战术运用上的灵活多变。在武术对抗中，面对不同的对手和环境，战术策略需要随之调整，以达到最佳效果。

阴阳平衡要求武术战术策略具备高度的灵活性。这意味着在制订战术时，要充分考虑对手的实力、技术特点、心理状态等因素，并据此制订出既能有效攻击对手又能有效防御自身攻击的战术方案。同时，在战术执行中，也要根据场上形势的变化及时作出调整，保持战术的灵活性和适应性。

例如，在太极拳的推手中，充分体现了阴阳平衡与战术策略灵活性的结合。推手时，既要运用"以柔克刚"的策略，通过化解对手的力量来占

据主动；又要根据对手的反应和变化，及时调整自己的战术布局，保持攻防的平衡和协调。这种灵活多变的战术策略，正是阴阳平衡在武术战术制定中的具体体现。

（二）五行相生相克与武术战术策略的针对性

五行学说中的相生相克原理为武术战术策略的针对性提供了理论依据。在武术对抗中，不同对手的技术特点和风格往往存在明显的差异。因此，在制定战术策略时，需要充分利用五行相生相克的原理来分析对手的优势和劣势，从而制订具有针对性的战术方案。

具体来说，可以根据对手的五行属性（如金、木、水、火、土）来推断其技术特点和风格特点，并据此制定出相应的应对策略。例如，面对技术刚猛有力的对手（属金），可以采用以柔克刚的策略；面对技术灵活多变的对手（属木），则需要注重防守和反击时机的选择；面对技术迅猛爆发的对手（属火），则需要保持冷静和镇定，寻找对手的破绽进行攻击。

这种根据五行相生相克原理的战术策略制订方法，不仅有助于提高战术的针对性和有效性，还有助于增强战术的多样性和创新性。因为五行相生相克的关系是复杂多变的，通过灵活运用这一原理可以制订出多种不同的战术方案来应对不同的对手和环境。

(三)阴阳五行与武术战术策略的智慧性

阴阳五行学说不仅为武术战术策略的制定提供了具体的方法和原则,还蕴含着深厚的智慧性。在阴阳五行的视角下看待武术战术策略的制定和实施过程,可以让人们更加深刻地理解武术的精髓和内涵。

阴阳五行学说强调的是宇宙间万物相互依存、相互制约、相互转化的关系。这种关系在武术战术策略的制定中也得到了充分体现。在制定战术策略时,需要充分考虑各种因素之间的相互关系和影响,并据此制订出全面、系统、科学的战术方案。这种综合考虑、全面分析的思维方式正是阴阳五行学说所倡导的智慧性体现。

同时,阴阳五行学说还强调事物发展的动态性和变化性。在武术战术策略的制定和实施过程中,也需要根据场上形势的变化及时调整战术布局和策略方案。这种灵活应变、随机应变能力也是阴阳五行学说所赋予人们的智慧性体现。

综上所述,阴阳五行视角下武术战术策略的制定不仅体现了阴阳平衡和五行相生相克的原则和方法,而且蕴含着深厚的智慧性。通过灵活运用阴阳五行学说中的原理和方法来制定战术策略并运用于武术对抗中,人们可以更加有效地应对各种复杂多变的局面和挑战。

第二节 武术中的"道"与"德"

一、武术之道:技艺与修养的统一

(一)技艺之精:武术技艺的深厚底蕴与不懈追求

武术之道,在于技艺之精。技艺,作为武术的外在表现形式,是武者长期修炼与实践的结晶。它不仅仅包含拳法、腿法、身法、步法等基本技术动作,而且蕴含着深厚的文化底蕴和哲学思想。武者对技艺的追求,是对武术本质的深入探索,是对自我潜能的不断挖掘。

技艺之精,体现在对武术动作的精准掌握与灵活运用上。每一个招式、每一个动作,都需经过千锤百炼,方能达到炉火纯青之境。武者需通过不断的练习与体悟,将武术技艺内化于心、外化于行,使之成为自己身体功能的一部分。这种对技艺的执着追求,不仅是对武术技艺本身的尊重,更是对武术之道深刻理解的体现。

同时,技艺之精还意味着对武术技艺的不断创新与发展。武术作为中华民族的文化瑰宝,历经千年传承而不衰,正是因为它始终保持着与时俱进的生命力。武者才须在前人经验的基础上,结合自身的实践体会,不断创造出新的技术动作和战术策略,以适应时代的变化和武术发展的需要。

（二）修养之高：武术修养的内在境界与人格完善

武术之道，在于修养之高。修养，是武术的内在灵魂，是武者精神境界和人格魅力的体现。它涵盖了武者的道德品质、文化素养、心理素质等多个方面，是武者全面发展的重要基石。

修养之高，首先体现在武者的道德品质上。武者须具备高尚的品德和崇高的精神追求，以武德为先，以仁爱为本。在武术修炼过程中，武者需时刻铭记"止戈为武"的训诫，以武止暴、以武卫道，用武术的力量维护社会的和谐与正义。同时，武者还需尊重师长、团结同门、关爱他人，以良好的人际关系促进武术事业发展。

修养之高还体现在武者的文化素养上。武术作为中华民族的文化瑰宝，蕴含着丰富的文化和哲学思想。武者须具备深厚的文化素养和广博的知识储备，才能更好地理解武术的精髓和内涵。通过阅读经典著作、学习传统文化、参与文化交流等方式，武者可以不断提升自己的文化素养和审美水平，使自己的武术技艺更加精湛、更加富有内涵。

此外，修养之高还体现在武者的心理素质上。武术修炼过程充满了挑战和困难，需要武者具备坚韧不拔的意志品质和积极向上的心态。面对挫折和失败时，武者需保持冷静和理智，要勇于面对并克服困难；面对成功和荣誉时，武者需保持谦逊和低调，不忘初心、继续前进。

（三）技艺与修养的融合：武术之道的最高境界

武术之道，最终追求的是技艺与修养的完美融合。技艺与修养作为武术的两大支柱，相互依存、相互促进，共同构成了武术之道的完整体系。

技艺与修养的融合体现在武者对武术技艺的深刻理解和灵活运用上。武者需将武术技艺与自身的道德修养、文化素养、心理素质等内在因素相结合，使武术技艺成为表达自己思想感情、展现自己人格魅力的有效手段。在武术对抗中，武者不仅需展现出高超的技术水平和战术策略，更需展现出良好的武德风范和人格魅力，以赢得对手的尊重和观众的喝彩。

技艺与修养的融合还体现在武者对武术之道的深刻领悟和践行上。武者需将武术之道视为自己的人生信仰和追求目标，以武术之道为指导思想来规范自己的行为举止和思维方式。在日常生活中，武者需时刻保持谦虚谨慎、勤奋好学的态度；在武术修炼中，武者需注重内外兼修、身心合一的境界追求。通过不断地修炼和体悟，武者可以逐渐达到技艺与修养的完美融合之境，实现自我超越和人格完善。

二、武术之德：行为规范与道德准则

（一）尊师重道：武术传承的基石

在武术的广阔天地里，尊师重道不仅是个人修养的体现，更是武术得以薪火相传的基石。这一传统美德要求武者对师长怀有敬畏之心、视师如父、虚心求教、勤奋练习。尊师，意味着对武术技艺的尊重与珍视，对武术前辈智慧与汗水的感激与铭记；重道，则是对武术精神与哲理的深入探索与传承。武者通过尊师重道，不仅能够获得技艺上的精进，更能在道德层面实现自我提升，为武术事业的繁荣发展贡献力量。

（二）谦逊礼让：武者应有的风度

谦逊礼让，是武术文化不可或缺的一部分，也是武者应当具备的基本品质。在武术修炼和比武交流中，武者应当时刻保持谦逊的态度，不骄不躁，不妄自尊大。面对技艺高超的对手或前辈，应虚心请教，勇于承认自己的不足；在取得成绩或荣誉时，应保持低调，不炫耀不张扬。谦逊礼让不仅有助于武者建立良好的人际关系，而且能在武术界树立正面形象，促进武术文化的健康发展。

（三）武德为先：武术行为的道德准则

武德，是武术行为的道德准则，是武者应遵循的基本规范。它要求武者在修炼和使用武术时，始终秉持正义、仁爱、诚信等美德，以武止暴、以武卫道。武德为先，意味着武者要将道德置于技艺之上，用高尚的品德来指导和约束自己的武术行为。在比武竞技中，武者应遵守规则，尊重对手，避免使用卑鄙手段或故意伤害他人；在日常生活中，武者应乐于助人，见义勇为，用武术的力量为社会和谐与正义贡献力量。

（四）自律自强：武者精神的内在动力

自律自强，是武者精神的内在动力，也是武术之德的重要体现。自律，要求武者在修炼的过程中始终保持严格的自我管理和约束，不受外界诱惑和干扰，专注于技艺的提升和道德的修养。自强，则是武者不断追求进步、超越自我的精神体现。在武术的道路上没有终点，只有起点，武者需时刻保持对技艺的热爱和对挑战的渴望，勇于面对困难和挑战，不断突破自我限制，实现自我超越。自律自强的精神不仅能够帮助武者在技艺上取得更高的成就，更能在道德层面塑造坚韧不拔、勇于担当的品格特质。

三、"道"与"德"在武术传承中的体现

（一）师徒传承中的"道"与"德"

在武术的师徒传承体系中，"道"与"德"作为核心要素贯穿始终。师傅不仅是技艺的传授者，更是道德风范的楷模。他们通过言传身教，将武术的技艺精髓与道德理念一并传授给弟子。徒弟在跟随师傅学习时，不仅要学习武术的招式与技巧，更要领悟师傅身上的武德风范，学习如何做人、如何处世。这种师徒之间的情感纽带，不仅加深了技艺的传承，而且在无形中传递了"道"与"德"的深远影响。

（二）武术门派文化中的"道"与"德"

武术门派作为武术传承的重要载体，每个门派都有其独特的文化底蕴和道德准则。这些门派文化往往蕴含着丰富的"道"与"德"思想，如忠诚、勇敢、谦逊、礼让等。门派成员在共同的信仰和价值观下，形成了独特的武术精神和道德风貌。在门派内部，成员之间相互尊重、相互扶持，共同维护门派的荣誉与尊严。这种"道"与"德"的门派文化，不仅增强了门派的凝聚力，也为武术的传承与发展注入了强大的精神动力。

（三）武术交流活动中的"道"与"德"

武术交流活动是武术传承与发展的重要途径之一。在这些活动中，"道"与"德"发挥着重要的作用。比武竞技时，武者需遵守比赛规则，尊重对手，展现高尚的武德风范。通过公平、公正的竞争，武者不仅能够检验自己的技艺水平，而且能在道德层面得到提升。此外，武术交流活动还是武术文化传播的重要窗口。武者通过展示武术的魅力与风采，吸引更多人了解、学习武术，从而推动武术事业繁荣发展。在这一过程中，"道"与"德"作为武术文化的精髓，被广泛传播与弘扬。

（四）武术教育中的"道"与"德"融合

随着时代的发展，武术教育逐渐走向普及化、规范化。在武术教育中，"道"与"德"的融合成了趋势。学校和社会培训机构在传授武术技艺的同时，也注重培养学生的道德品质和文化素养。通过开设武德教育课程、举办道德讲堂等形式，引导学生树立正确的价值观和道德观。这种"道"与"德"相融合的教育模式，不仅有助于提升学生的综合素质和武术水平，而且能在全社会范围内营造崇尚武术、尊重武德的良好氛围。武术教育因此成了培养德智体美劳全面发展的社会主义建设者和接班人的重要途径之一。

四、武术之道德教育对现代社会的启示

（一）强化个人道德修养，促进社会和谐

武术之道德教育强调个人品德的修养与提升，这对现代社会具有重要的启示意义。在快节奏、高压力的现代生活中，人们往往容易忽视内心的修养与道德的提升，因而导致社会道德水平下滑，人际关系紧张。武术道德教育通过其独特的方式，引导人们重视个人品德的培养，如谦逊、礼让、诚信等美德，这有助于增强个体的自我约束力和社会责任感，从而促进社会和谐与稳定。当每个人都能够自觉遵守道德规范，以高尚的道德情操来指导自己的行为时，社会整体的道德水平将会得到显著提高。

（二）培养坚韧不拔的精神品质，应对生活挑战

武术道德教育还注重培养人们坚韧不拔、勇于挑战的精神品质。在武术修炼过程中，武者要面对各种困难和挑战，需通过不断的努力和坚持，

才能达到技艺的巅峰。这种精神品质对于现代社会中的人们同样具有重要的意义。在竞争激烈的职场环境中，人们需要具备顽强的意志力和不屈不挠的精神，才能够在激烈的竞争中脱颖而出。同时，在面对生活中的挫折和困难时，坚韧不拔的精神品质也是人们战胜困难、实现自我超越的重要动力。

（三）弘扬正义精神，维护社会公正

武术道德教育强调以武止暴、以武卫道，这体现了武术对于正义精神的追求和弘扬。在现代社会中，正义是维系社会稳定和公平的重要基石。然而，在现实生活中，人们仍然可以看到一些不公正、不公平的现象存在。武术道德教育通过其独特的道德观念和价值导向，引导人们树立正义观念，勇于维护社会公正和公平。当每个人都能够自觉维护正义、抵制邪恶时，社会将变得更加公正、和谐。

（四）促进身心和谐，提高生活质量

武术道德教育还注重身心和谐发展。在武术修炼过程中，武者需要通过呼吸、意念等方式调节身心状态，达到内外合一、身心和谐的境界。这种身心和谐的状态不仅有助于提高武术技艺水平，而且能够提高个体的生活质量和幸福感。在现代社会中，随着生活节奏的加快和工作压力的增大，人们的身心健康问题日益凸显。武术道德教育通过其独特的身心修炼方法，

为人们提供了一种有效的身心调节方式，有助于缓解压力、改善身心健康状况，从而提高生活质量。同时，武术道德教育还倡导健康的生活方式和积极的生活态度，鼓励人们追求身心健康的全面发展。

第三节　武术与儒家思想的融合

一、儒家思想对武术礼仪的塑造

（一）儒家伦理与武术礼仪的内在联系

儒家思想作为中国传统文化的核心，其伦理道德观念对武术礼仪的塑造产生了深远影响。儒家强调"仁、义、礼、智、信"五常之道，这些道德准则不仅在日常生活中被广泛应用，而且在武术领域得到了深刻体现。武术礼仪作为武术文化的重要组成部分，其背后蕴含着丰富的儒家伦理思想。在武术训练和比赛中，武者需遵循一系列的礼仪规范，如尊师重道、谦逊有礼、公平竞争等，这些礼仪规范正是儒家伦理在武术领域的具体实践。通过武术礼仪的遵循，武者不仅能够展现自身的修养和风度，而且能在潜移默化中接受儒家伦理的熏陶和教化。

（二）儒家"仁"对武术礼仪的影响

儒家思想中的"仁"是武术礼仪塑造的核心。在儒家看来，"仁"是处理人际关系的基本原则,强调对他人的关爱和尊重。在武术礼仪中,"仁"表现为武者对对手的尊重、对师傅的敬爱以及对观众的礼貌。武者在比武竞技时,需秉持"点到为止"的原则,避免过度伤害对手;在师徒关系中,则需恪守尊师重道的传统,虚心向师傅请教,勤奋练习技艺;在观众面前,则需展现出良好的武德风貌,以高尚的武德精神感染观众。这些礼仪规范无不体现了儒家"仁"的思想精髓,使武术成了一种充满人文关怀和道德力量的艺术形式。

(三)儒家"礼"在武术礼仪中的具体体现

儒家思想中的"礼"是武术礼仪的外在表现形式。在儒家看来,"礼"是维护社会秩序和人际关系和谐的重要工具。在武术领域,"礼"则体现为一系列具体的礼仪规范和行为准则。从武者进入训练场地开始,就需要遵循一系列的礼仪程序,如向师长行礼、向对手致意等;在比武时,则需遵守比赛规则,尊重裁判判决;比赛结束后,还需向对手和观众表示感谢和敬意。这些礼仪规范不仅是对武术技艺的尊重,更是对儒家"礼"文化的传承和弘扬。通过对武术礼仪的遵循,武者能够培养自己的礼仪意识和社会责任感,为社会和谐稳定贡献自己的力量。

(四)儒家思想对武术礼仪传承的深远意义

儒家思想对武术礼仪的传承具有深远的意义。一方面,儒家伦理道德观念为武术礼仪提供了坚实的理论基础和价值导向，使武术礼仪在传承过程中始终保持正确的方向。另一方面，武术礼仪的遵循又进一步促进了儒家思想的传播和普及，能够使更多的人了解和接受儒家文化的精髓。在现代社会中，随着武术运动的普及和发展，武术礼仪的传承显得更加重要。通过加强武术礼仪的教育和培训，可以引导人们树立正确的道德观念和价值观念，提高全社会的道德素质和文明程度。同时，武术礼仪的传承还有助于弘扬中华优秀传统文化，增强民族自豪感和文化自信心，为中华民族伟大复兴贡献力量。

二、武术中的"中庸之道"与儒家哲学

（一）中庸之道在武术中的体现

中庸之道，作为儒家哲学的核心思想之一，其精髓在于"执两用中"，即在事物的两端之间寻求适度的平衡点。在武术中，中庸之道得到了深刻的体现。武术的招式、技法和训练方式无不蕴含着中庸智慧。例如，太极拳作为武术中的代表，其每一个动作都讲究阴阳平衡、刚柔相济，既不过于刚猛也不过于柔弱，而是追求一种恰到好处的力量与和谐。这种追求平衡与和谐的精神，正是中庸之道在武术中的具体体现。

在武术实战中，中庸之道也同样发挥着重要作用。武者需要根据对手的情况和自身的条件，灵活运用各种招式技法，既不过于冒进也不过于保

守,而是寻求最佳的应对策略。这种策略的制定和执行,实际上就是中庸之道在武术实战中的具体应用。通过中庸之道的指导,武者能够在复杂多变的战斗环境中保持冷静和理智,作出正确的判断和决策。

(二)儒家哲学对武术中庸之道的阐释

儒家哲学对中庸之道有深刻的阐释和理解。在儒家看来,中庸之道不仅是一种道德准则和行为规范,更是一种人生智慧和处世哲学。它要求人们在处理事务时遵循适度的原则,既不过于偏激也不过于妥协,而是寻求一种合理、恰当的处理方式。这种思想在武术中得到了充分的体现和发挥。

儒家哲学认为,武术不仅仅是一种技击之术,更是一种修身养性、陶冶情操的方式。通过修炼武术,武者可以培养自己的品德和意志,达到身心和谐统一。在这个过程中,中庸之道起到了重要的指导作用。它要求武者在修炼过程中保持适度的原则,既不过于追求技击的精湛也不过于忽视品德的修养,而是将二者有机结合起来。这样,武者才能够在武术的道路上不断前行,取得更高的成就。

(三)武术中庸之道对现代社会的启示

武术中的中庸之道对现代社会具有同样重要的启示意义。在快节奏的现代生活中,人们往往容易陷入极端的思维和行为方式中,导致身心疲惫、人际关系紧张等问题。而中庸之道,则提供了一种更加合理、更加科学的思维方式和生活方式。它要求人们在处理问题时保持冷静和理智，寻求最佳的解决方案；在人际交往中保持谦逊和包容，尊重他人的意见和感受；在追求目标时保持适度和平衡，既不过于急功近利也不过于消极懈怠。

通过学习和实践武术中的中庸之道，人们可以培养自己的平衡感与和谐感，提升自己的综合素质和适应能力。同时，中庸之道还有助于促进社会的和谐与稳定。在多元化的社会环境中，人们需要学会尊重和理解不同的文化和价值观念，以更加包容和开放的心态去面对世界。而中庸之道正是这样一种能够促进不同文化和价值观念相互融合、相互尊重的哲学思想。

三、儒家"仁爱"观念在武术中的体现

（一）儒家"仁爱"思想的核心理念与武术精神的契合

儒家思想的核心在于"仁爱"，它强调以博爱的心态对待一切人和事，追求人与人之间的和谐共处。这种思想在武术中得到了深刻的体现。武术，作为中华民族传统体育项目的代表，不仅仅是一种技击之术，更是一种修身养性、陶冶情操的方式。在修炼武术的过程中，武者被要求秉持"仁爱"之心，将武术视为一种促进身心和谐、增进人际关系的手段。这种理念与儒家"仁爱"思想的核心理念不谋而合，共同构成了武术精神的重要组成部分。

在儒家看来，"仁爱"是人之所以为人的根本标志，也是处理人际关

系的基本原则。它要求人们以慈悲为怀、关爱他人、尊重生命。这种思想在武术中得到了具体实践。武者在修炼过程中，不仅要追求技艺的精进，而且要注重品德的修养。他们被要求以"仁爱"之心对待对手和同门，避免使用过于残忍或致命的招式，力求在比武中点到为止，不伤和气。这种精神追求不仅体现了武术的技击价值，而且彰显了武术的人文关怀和道德力量。

（二）儒家"仁爱"思想对武术技法的影响

儒家"仁爱"思想不仅影响了武术的精神追求，还深刻影响着武术的技法体系。在儒家思想熏陶下，武术技法逐渐形成了独特的风格和特点。首先，武术技法注重内外兼修、刚柔相济。武者在修炼过程中，不仅要注重外在招式的练习，而且要注重内在气息的调控和心态的调整。这种内外兼修的方式有助于培养武者的综合素质和应变能力，使他们在面对复杂多变的战斗环境时能够保持冷静和理智。其次，武术技法强调以柔克刚、以静制动。这种技法特点与儒家"仁爱"思想所倡导的和平、和谐理念相契合。在比武时，武者往往不会采取过于激进的攻击方式，而是会通过巧妙的身法和灵活的战术化解对手的攻势，达到以弱胜强、以少胜多的效果。这种技法特点不仅体现了武者的智慧和勇气，而且彰显了武术的独特魅力和价值。

（三）儒家"仁爱"思想在武术传承与发展中的作用

儒家"仁爱"思想在武术的传承与发展中发挥着重要作用。首先，它为武术提供了坚实的道德基础。在儒家思想熏陶下，武术不仅仅是一种技击之术，而且是一种道德实践和文化传承的方式。武者通过修炼武术来培养自己的品德和意志，以"仁爱"之心对待他人和社会，从而成为有道德、有责任感的公民。

其次，儒家"仁爱"思想促进了武术的国际化传播。随着全球化进程的加速推进，中国武术作为一种具有深厚文化底蕴和独特魅力的体育项目逐渐走向世界舞台。在这个过程中，儒家"仁爱"思想所倡导的和平、和谐理念成了武术国际化的重要推动力量。它使得武术不仅仅是一种体育竞技项目，更是一种文化交流和人文沟通的桥梁。通过武术的国际化传播，能够使更多的人了解和接受儒家"仁爱"思想所蕴含的智慧和价值观念，从而促进不同文化之间的理解和尊重。

综上所述，儒家"仁爱"观念在武术中得到了深刻的体现和传承。它不仅影响着武术的精神追求和技法体系，还促进了武术的传承与发展。在未来的发展中，我们应该继续弘扬儒家"仁爱"思想所蕴含的智慧和价值观念，推动武术事业不断向前发展。

四、武术与儒家文化共同价值观的探讨

（一）自强不息与坚韧不拔：武术与儒家文化的共同追求

武术与儒家文化在价值观层面共享着自强不息与坚韧不拔的精神追求。在儒家思想中，"天行健，君子以自强不息"是激励人们不断进取、勇往直前的座右铭。武者通过日复一日的艰苦训练，不断提升自身的技艺与体能，展现出对自我超越的不懈追求。武术中的每一个动作、每一次挥汗如雨，都是对"自强不息"精神的最好诠释。同时，面对挑战与困难，武者所展现出的坚韧不拔、百折不挠的毅力，也是儒家文化中"韧"性精神的生动写照。

（二）和谐共生与中庸之道：武术哲学与儒家思想的共通之处

和谐共生与中庸之道是武术哲学与儒家思想又一重要的共同价值观。儒家思想强调"和而不同"，追求人与自然的和谐、人与社会的和谐以及人与人之间的和谐。在武术中，这种和谐精神体现在武者对内外环境的敏锐感知与精妙调控上。武者通过修炼武术，不仅提升了自身的身体素质与技艺水平，而且学会了如何在激烈的对抗中保持冷静与理智，寻求与对手之间的和谐共处。同时，武术中的"中庸之道"也体现了对和谐追求的深刻理解，即在攻防转换、力量运用等方面寻求恰到好处的平衡点，避免过

于偏激或极端的行为方式。

（三）尊重传统与勇于创新：武术与儒家文化在传承与发展上的共识

尊重传统与勇于创新是武术与儒家文化在传承与发展中达成的共识。儒家文化强调对先贤智慧的继承与发扬，认为传统是连接过去与未来的桥梁。在武术领域，这种尊重传统的精神体现在对武术经典理论、技法体系及武德修养的坚守与传承上。同时，武术也展现出勇于创新的活力，不断吸收新技法的思想理念、技术元素及训练方法，以适应时代发展的需要。这种在尊重传统基础上勇于创新的精神，正是武术与儒家文化共同价值观的重要体现。

（四）社会责任与人文关怀：武术与儒家文化在价值导向上的契合

社会责任与人文关怀是武术与儒家文化在价值导向上的重要契合点。儒家思想倡导"以天下为己任"，强调个人应为社会、国家乃至全人类的福祉贡献自己的力量。在武术领域，这种社会责任感体现在武者对社会的积极影响与贡献上。他们通过传授武术技艺、弘扬武术文化、参与社会公益活动等方式，为社会传递正能量、促进和谐发展。同时，武术还蕴含着深厚的人文关怀精神，关注人的全面发展与身心健康。武者通过修炼武术来培养自己的品德修养、提升心理素质与抗压能力，进而实现身心和谐与人格完善。这种对社会责任与人文关怀的共同追求，使得武术与儒家文化在价值导向上实现了高度契合。

第四节 武术与道家思想的相通之处

一、道家"无为而治"与武术的自然法则

（一）顺应自然，无为而治：道家哲学在武术修炼中的体现

道家思想的核心在于"无为而治"，强调顺应自然规律，不强行干预，以达到和谐共生的境界。这一哲学理念在武术修炼中得到了深刻的体现。武术修炼讲究"天人合一"，即人的身心与自然环境、宇宙法则的和谐统一。武者通过长期的修炼，逐渐领悟到顺应身体的自然规律，避免过度用力或违背身体本能的行为，从而达到事半功倍的效果。在武术的每一个动作、每一次呼吸中，都蕴含着对自然法则的尊重与顺应，这正是道家"无为而治"思想在武术中的具体实践。

在武术修炼过程中，武者需要学会放下心中的杂念与执念，让身心回归自然状态。他们通过冥想、呼吸等手段，调整自己的心态与气息，使自身与周围环境融为一体。这种境界的达成，不仅有助于提升武术技艺，更

能使武者在日常生活中保持平和、淡定的心态，应对各种挑战。

（二）以柔克刚，四两拨千斤：道家智慧在武术技击中的应用

道家思想中的"以柔克刚"理念，在武术技击中得到了淋漓尽致的展现。武术中的许多招式与技法，都体现了以柔克刚、借力打力的智慧。武者通过灵活的身法与精准的发力，将对手的力量转化为自己的优势，实现以弱胜强、以少胜多的效果。这种技击方法不仅体现了武者的智慧与技巧，更彰显了道家"无为而治"思想在武术实践中的深邃内涵。

在武术技击中，武者需要时刻保持敏锐的洞察力与判断力，准确捕捉对手的意图与动向。他们通过调整自己的身形与姿态，巧妙地利用对手的力量与惯性，实现对其的有效控制与反击。这种以柔克刚的技击方式，不仅要求武者具备高超的技艺与身体素质，更需要他们具备深厚的道家哲学素养与智慧。

（三）道法自然，武术之道的至高境界

道家思想认为，"道"是宇宙万物的本源与法则，一切事物都应遵循"道"的自然规律而运行。在武术领域，这种"道法自然"的理念被提升到了至高无上的境界。武术之道不仅在于技艺的修炼与提升，更在于对"道"的领悟与追求。武者通过长期的修炼与体悟，逐渐领悟到武术背后的深层含义与哲理，从而实现身心升华与超越。

在追求武术之道的过程中，武者需要不断摒弃杂念与执念，让自己的心灵回归自然与纯净。他们通过不断的修炼与反思，逐渐领悟到武术与宇宙、自然之间的内在联系与规律。这种领悟不仅使武者在技艺上达到了炉火纯青的地步，更使他们在精神层面获得了极大的满足与升华。最终，武者将武术之道融入自己的生命中，成为自己生活方式与人生哲学的重要组成部分。

二、武术中的"以柔克刚"与道家哲学

（一）柔中带刚，道家哲学在武术技理中的渗透

"以柔克刚"作为武术技击中的核心理念，深刻体现着道家哲学的精髓。道家哲学强调"柔弱胜刚强"，认为世间万物皆有其自然之理，刚强之物往往易折，而柔弱之物则能持久。在武术中，这种思想被转化为"以柔克刚"的技击策略，强调通过灵活的身法、柔和的力量和精准的技巧战胜看似强大的对手。

武术中的"柔"并非软弱无力，而是蕴含着深厚的内功与智慧。武者通过长期修炼，使身体达到高度的柔韧与协调，能够在瞬间爆发出惊人的力量。同时，他们善于运用"四两拨千斤"的技巧，借助对手的力量与惯性，实现对其的有效控制与反击。这种技击方式不仅体现了武者的技艺高超，更彰显了道家哲学中"无为而治""顺势而为"的智慧。

（二）阴阳平衡，武术技击中的道家哲学思想

"以柔克刚"的技击策略，实际上也是阴阳平衡思想在武术中的具体体现。道家哲学认为，宇宙万物皆由阴阳二气构成，阴阳相互依存、相互制约，共同维持世界的和谐与稳定。在武术中，阴阳平衡则表现为力量的刚柔相济、攻防的虚实结合。

武者在技击时，需要时刻注意阴阳的平衡与转换。他们通过调整自身的呼吸、步伐与姿态，使身体内部的气血运行达到最佳状态，从而在技击中展现出既柔且刚、既虚且实的独特魅力。这种阴阳平衡的思想不仅有助于提高武者的技击水平，更能使他们在面对复杂多变的战斗环境时始终保持冷静与理智，作出正确的判断与决策。

（三）心境平和，道家哲学对武术精神境界的提升

"以柔克刚"的技击策略不仅要求武者具备高超的技艺与身体素质，更要求他们具备平和的心境与深邃的智慧。道家哲学强调"心静如水"，认为只有保持内心的平静与淡泊，才能洞察世间万物的本质与规律。在武术中，这种心境平和的精神状态对于提高武者的技击水平与精神境界至关重要。

武者在进行技击时，需要摒弃杂念与执念，让自己的心灵回归自然与纯净。他们通过冥想、呼吸法等手段，调整自己的心态与气息，使自身与

周围的环境融为一体。这种心境平和的状态不仅有助于武者更好地掌握"以柔克刚"的技击策略,更能使他们在面对挑战与困难时保持冷静与理智,以更加从容不迫的态度去应对一切。

综上所述,"以柔克刚"作为武术技击的核心理念,与道家哲学有着深刻的相通之处。它不仅体现了道家哲学中"柔弱胜刚强""阴阳平衡"的思想精髓,更对武术技理、技击策略以及精神境界的提升产生了深远的影响。在武术与道家思想的相互交融中,人们不仅能够领略武术的独特魅力与深厚底蕴,更能深刻体会到道家哲学所蕴含的智慧与哲理。

三、道家养生观对武术内功修炼的影响

(一)道家养生理念与武术内功修炼的内在联系

道家养生观强调顺应自然、和谐共生,追求身心的平衡与统一。这一理念与武术内功修炼的核心目标不谋而合。武术内功修炼旨在通过特定的呼吸方法、身体姿势和精神状态调整,达到强化内气、提升身体素质和技击能力的目的。道家养生观为武术内功修炼提供了理论基础和指导思想,使武者能够在修炼过程中更好地领悟和把握自然规律,实现身心的和谐统一。

在道家养生理念中,"道法自然"是核心原则之一。它认为一切事物都应遵循自然法则,不强行干预,以达到最佳状态。这一原则在武术内功

修炼中体现为对呼吸、身体姿势和精神状态的自然调节。武者通过模仿自然界的运行规律，如深长细匀的呼吸、松静自然的身体姿势以及专注平和的精神状态，使内气得以顺畅运行，从而达到强化内功的目的。

（二）道家养生方法在武术内功修炼中的具体应用

道家养生方法有多种多样，包括呼吸吐纳、静坐冥想、导引按摩等。这些方法在武术内功修炼中得到了广泛应用，并取得了显著成效。

1. 呼吸吐纳

道家养生观认为呼吸是连接身心的重要桥梁。通过调整呼吸节奏和深度，可以影响身体的内气运行和情绪状态。在武术内功修炼中，武者通过练习特定的呼吸方法，如腹式呼吸、逆腹式呼吸等，使呼吸与动作相协调，增强内气的聚集和发放能力。

2. 静坐冥想

静坐冥想是道家养生的重要方法之一。它通过让心灵回归宁静和平和的状态，达到净化心灵、提升智慧的目的。在武术内功修炼中，武者通过静坐冥想练习，可以培养专注力和定力，提高在技击中的反应速度和判断力。

3. 导引按摩

导引按摩是道家养生中的一种身体锻炼方法。它通过特定的肢体动作和按摩手法，促进气血流通和经络畅通。在武术内功修炼中，武者通过练习导引按摩，可以疏通经络、增强肌肉力量和柔韧性，为技击打下坚实的身体基础。

（三）道家养生观对武术内功修炼效果的促进作用

道家养生观对武术内功修炼效果的促进作用主要体现在以下几个方面：

提升身体素质：通过道家养生方法的练习，武者可以强化内气、增强肌肉力量和柔韧性、提高心肺功能等身体素质指标。这些身体素质指标的提升为武者在技击中的出色表现提供了有力保障。

增强技击能力：道家养生观强调内外兼修、形神合一。在武术内功修炼中，武者通过调整呼吸、身体姿势和精神状态等内外因素，使内气与动作相协调、精神与身体相融合。这种内外合一的状态使武者在技击中能够发挥更大的威力和更高的效率。

培养武德修养：道家养生观不仅关注身体的修炼还注重心灵的净化与提升。在武术内功修炼中，武者通过静坐冥想等练习培养专注力和定力、提高自我控制能力和情绪管理能力。这些能力的培养有助于武者形成高尚的武德修养和道德品质。

（四）道家养生观与武术内功修炼相互促进的深远意义

道家养生观与武术内功修炼的相互促进，不仅体现在技艺层面的提升，更体现在精神层面的升华上。通过长期的修炼和体悟，武者能够逐渐领悟到道家养生观的深刻内涵和武术内功修炼的精髓所在。这种领悟不仅使武者在技艺上达到炉火纯青的地步，更使他们在精神层面获得极大的满足与升华。

同时道家养生观与武术内功修炼的相互促进还具有重要的社会意义。它推动了中华优秀传统文化的传承与发展，使更多的人了解和认同这一宝贵的文化遗产。此外它还促进了人们身心健康水平的提升，提高了社会的整体素质和文明程度。

四、武术与道家思想在精神层面的共鸣

（一）超脱世俗，追求精神自由

武术与道家思想在精神层面的共鸣，首先体现在对世俗束缚的超脱与对精神自由的追求上。道家思想主张"无为而治"，强调顺应自然、回归本真、不受外界纷扰所累。武术修炼者，在日复一日的拳脚功夫与内功修炼中，逐渐领悟到身心的和谐统一，可以学会在纷扰的尘世保持内心的宁静与自由。他们通过武术这一载体，不仅锻炼了体魄，更磨练了意志，达到了超脱世俗、追求精神自由的境界。

在武术的世界里，武者追求的是一种无拘无束、随心所欲的精神状态。他们通过练习高难度的动作、掌握精妙的技击技巧，不断挑战自我、超越极限，从而感受到前所未有的自由与释放。这种自由不仅体现在身体上的灵活与敏捷，更体现在心灵上的豁达与通透。

（二）天人合一，追求人与自然的和谐共生

武术与道家思想在精神层面的共鸣还体现在对"天人合一"理念的共同追求上。道家思想认为，人与自然是紧密相连、不可分割的整体，人应当顺应自然规律，与自然和谐共生。武术修炼者在长期的修炼过程中，逐渐领悟到这一深刻哲理，并将其融入武术的每一个动作、每一次呼吸之中。

在武术修炼中，武者注重与自然的沟通与交流。他们通过模仿自然界的运行规律、吸收自然界的精华之气，使自己的身心与自然环境融为一体。这种"天人合一"的境界不仅让武者在技击上更加得心应手、游刃有余，更让他们在精神上获得了极大的满足与升华。他们学会了尊重自然、敬畏生命，以更加平和、包容的心态去面对这个世界。

（三）以静制动，追求内心的平和与坚韧

武术与道家思想在精神层面的共鸣还体现在对"以静制动"策略的认同与实践上。道家思想强调"静为躁君"，认为在纷扰复杂的世界保持内心的平静与冷静是应对一切挑战的关键。武术修炼者在长期的修炼过程中

也深刻体会到了这一点。他们通过静坐冥想、呼吸吐纳等练习方式培养自己的定力与专注力，使自己在直面对手的攻击时能够保持冷静与从容不迫。

在武术技击中，"以静制动"是一种高明的策略。武者通过观察对手的动作与意图、把握对手的破绽与弱点，在合适的时机发动致命一击。这种策略不仅要求武者具备高超的技艺与敏锐的判断力，更要求他们具备深厚的内功与坚韧不拔的意志品质。只有在内心保持平和与坚韧的情况下，武者才能在激烈的对抗中保持冷静与自信最终取得胜利。

（四）道法自然，追求无为而治的智慧

武术与道家思想在精神层面的共鸣还体现在对"道法自然"理念的深刻领悟与实践上。道家思想认为宇宙万物皆由道所生、由道所化，一切事物都应遵循自然规律而运行。武术修炼者在长期修炼中也逐渐领悟到了这一点。他们发现武术的精髓并不在于外在的招式与技巧而在于内在的修为与境界。

在武术的修炼中武者追求的是一种无为而治的智慧。他们不会过分追求外在的功名利禄与胜负得失，而是将更多的精力投入内在的修炼与提升上。他们学会了顺应自然规律、尊重自身条件，以更加平和、自然的心态去面对生活中的各种挑战与变化。这种无为而治的智慧不仅让武者在武术领域取得了卓越的成就，而且让他们在人生的道路上走得更加稳健与从容。

（五）内外兼修，追求身心的和谐统一

武术与道家思想在精神层面的共鸣，最终体现在对"内外兼修"理念的共同追求上。道家思想认为，人的身心是一个不可分割的整体，只有内外兼修、形神合一才能达到真正的健康与和谐。武术修炼者在长期的修炼中，也深刻体会到了这一点。他们发现武术的修炼不仅仅是对外在身体的锻炼，更是对内在心灵的磨砺与提升。

在武术修炼中武者们注重内外兼修、形神合一。他们通过练习拳脚功夫、内功心法等方式来强化身体素质，提高技击能力；同时他们也注重培养自己的道德品质，修养心性使自己成为一个内外兼修、形神合一的武术家。这种内外兼修的理念，不仅让武者们在武术领域取得了卓越的成就，而且让他们在人生的道路上拥有了更加充实丰富的精神世界。

第三章 武术技术体系概览

第一节 武术基本功与训练方法

一、武术基本功的重要性与构成

(一)奠定坚实基础:武术基本功的基石作用

武术,作为中华民族传统文化的瑰宝,其深邃的技艺与丰富的哲学思想皆源于扎实的基本功训练。基本功,如同高楼大厦之基石,没有稳固的基础,再华丽的招式也不过是空中楼阁。在武术学习过程中,基本功的重要性不言而喻。它不仅为后续的复杂动作和技击技巧提供了必要的支撑,更是培养武者坚韧不拔意志品质的重要途径。通过日复一日、年复一年的基本功训练,武者能够逐渐磨砺出强健的体魄、敏捷的身手以及稳定的心理状态,为攀登武术高峰打下坚实的基础。

(二)技能提升的阶梯:基本功与高级技巧的关联

武术中的高级技巧往往是由多个基础动作组合、变化而来。因此,扎实的基本功是掌握高级技巧的前提和保障。例如，拳法中的直拳、勾拳、摆拳等基础拳法，虽看似简单，却是构成组合拳、连环拳等复杂拳法的基础。又如腿法中的正踢、侧踢、后踢等，也是实现高踢、下踢、转身踢等高级腿法的基石。武者只有熟练掌握了这些基础动作之后，才能进一步学习和掌握更高难度的技巧。同时，基本功的训练还能够提升武者的身体协调性、灵活性和爆发力等身体素质，为高级技巧的发挥提供有力的支持。

（三）身心并重：武术基本功的全面修炼

武术基本功的训练不仅仅是对身体的锻炼，更是对心灵的磨砺。在训练过程中，武者需要保持高度的专注力和自律性，以克服身体的疲劳和疼痛。这种身心的双重修炼有助于培养武者的意志品质、坚韧不拔的精神以及平和稳定的心态。同时，武术基本功还注重呼吸与动作的协调配合，通过练习特定的呼吸方法，如腹式呼吸、逆腹式呼吸等，可以调节身体的内气运行和情绪状态，从而达到身心合一的境界。这种身心并重的修炼方式不仅有助于提高武者的技艺水平，而且能够促进其身心健康全面发展。

（四）传承与发展：武术基本功的文化价值

武术基本功作为武术文化的重要组成部分，承载着丰富的历史内涵和文化底蕴。通过学习和传承武术基本功，武者不仅能够掌握武术的技艺精髓，更能够深入了解中华优秀传统文化的精髓和魅力。同时，随着时代的发展和社会的进步，武术基本功也在不断地创新和发展。现代武术训练中新融入了许多科学的训练方法和手段，使得武术基本功的训练更加高效、科学。这种传承与发展不仅丰富了武术文化的内涵和外延，也为武术的普及和推广提供了有力的支持。

（五）实战应用的基石：武术基本功在实战中的意义

武术不仅仅是一种表演艺术或健身方式，更是一种具有实战价值的自卫技能。在实战中，武者需要快速、准确地判断出对手的意图和动作，并采取有效的应对措施。这种能力在很大程度上取决于武者基本功的扎实程度。扎实的基本功使武者能够在紧张激烈的对抗中保持冷静和稳定的心态，同时能够快速、准确地运用所学的技击技巧应付对手的攻击。因此，对于想要将武术运用于实战的武者来说，基本功的训练至关重要。只有掌握了扎实的基本功才能在实战中发挥武术的真正威力。

二、体能训练与柔韧性的提升

（一）体能训练：武术技艺的基石

在武术训练体系中，体能训练占据着举足轻重的地位。它不仅关乎武者能否完成高强度的技术动作，更直接影响其技击时的爆发力、耐力及整体表现。体能训练涵盖力量、速度、耐力、灵敏度等多个方面，这些要素共同构成了武者全面素质的基础。

力量是武术动作的核心支撑,通过重量训练、爆发力练习等手段,武者能够增强肌肉力量,使拳脚出击更加有力。速度则决定了武者在实战中的反应能力和攻击效率,通过短跑、快速移动等训练,武者可以提高身体的敏捷性和灵活性。耐力则是长时间保持高强度运动所必需的,通过长跑、间歇训练等方法,武者能够增强心肺功能,延长运动时间。而灵敏度的提升则有助于武者在复杂多变的实战环境中快速作出判断和应对。

体能训练不仅提升了武者的身体素质,还培养了其坚韧不拔的意志品质。在艰苦的训练中,武者需要不断挑战自我、超越极限,这种经历对于塑造其精神面貌和人格魅力具有不可估量的价值。

(二)柔韧性提升:武术动作的流畅与协调

柔韧性是武术训练中不可忽视的一环。良好的柔韧性能够使武者更加自如地完成各种高难度动作,增强动作的流畅性和协调性。柔韧性训练包括拉伸、柔术练习等内容,旨在增加关节的灵活性和运动范围。

拉伸训练是提升柔韧性的基本方法。通过静态拉伸、动态拉伸和 PNF 等拉伸技巧,武者可以有效放松肌肉、拉长肌肉纤维和结缔组织,从而增加关节的灵活性和运动幅度。柔术练习则更侧重于通过特定的动作和姿势锻炼身体的柔韧性。例如,通过练习瑜伽、体操等运动中的柔韧动作,武者可以进一步提升身体的柔韧性和平衡能力。

柔韧性的提升不仅有助于武者完成更加复杂和美观的武术动作，还能减少运动损伤的风险。在武术训练中，许多动作都需要关节的充分伸展和扭转，如果柔韧性不足，就容易导致关节扭伤、肌肉拉伤等运动损伤。因此，加强柔韧性训练对于保障武者的训练效果和身体健康具有重要意义。

（三）体能与柔韧性的相互促进：构建全面素质

体能训练和柔韧性提升在武术训练中相互促进、相辅相成。一方面，体能训练能够增强肌肉力量和耐力，为柔韧性训练提供更加坚实的基础。另一方面，柔韧性训练能够增加关节的灵活性和运动范围，使体能训练中的动作更加流畅和协调。

具体来说，通过体能训练中的力量训练，武者可以增强肌肉的力量和爆发力，为完成高难度的柔韧性动作提供必要的力量支持。同时，体能训练中的速度、灵敏度和耐力训练也能够提升武者在柔韧性训练中的反应能力和持久性。而柔韧性训练则能够增加关节的灵活性和运动范围，使武者在体能训练中能够更加自如地完成各种动作组合和技术要求。这种相互促进的关系使武者的身体素质得到了全面提升和发展。

（四）科学训练原则：确保体能与柔韧性的有效提升

在武术训练中提升体能和柔韧性需要遵循科学的训练原则。首先，要制订合理的训练计划并根据个人实际情况进行调整和优化。训练计划应包括具体的训练目标、训练内容、训练强度和时间安排等要素，以确保训练的系统性和针对性。

其次，要注重训练的全面性和均衡性。体能训练应涵盖力量、速度、耐力和灵敏度等多个方面，而柔韧性训练则应注重全身各关节的均衡发展。同时，在训练时要注意合理地安排休息和恢复时间，避免过度训练和运动损伤的发生。

此外，还要注重训练方法的科学性和有效性。在体能训练中可以采用多样化的训练手段和方法如循环训练法、间歇训练法等以提高训练效果；在柔韧性训练中则可以采用静态拉伸、动态拉伸等拉伸技巧以增加关节的灵活性和运动范围。

最后，要关注个体差异和个性化训练的需求。每个人的身体素质和训练基础都存在差异。因此，在制订训练计划和实施训练过程中要充分考虑个体差异并根据个人的实际情况进行个性化的调整和优化，以提高训练效果和安全性。

三、力量与速度的专项训练

（一）力量的核心地位与多维度训练

在武术的基本功训练中，力量是支撑一切技术动作的基础，它不仅是攻击力的源泉，也是防御稳定性的保障。力量的专项训练旨在通过科学的方法，全面而深入地提高武者的肌肉力量、爆发力及耐力。

力量训练的核心在于多维度、多层次的训练策略。这包括针对不同肌群的训练，如上肢、下肢、核心肌群等，以及针对不同力量类型的训练，如最大力量、快速力量、力量耐力等。通过杠铃深蹲、硬拉、卧推等复合动作，可以有效提升全身肌肉的力量和协调性；而通过爆发力训练，如跳跃练习、冲刺训练等，则能增强肌肉在短时间内的快速收缩能力，提高动作的爆发力。

此外，力量训练还需注重训练的渐进性和周期性。随着训练的进行，应逐渐增加训练的负荷和难度，以刺激肌肉的不断适应和增长。同时，合理的训练周期安排也能帮助武者避免过度训练带来的伤害和疲劳积累。

（二）速度训练的精准与高效

速度是武术技击中的关键因素之一，它决定了武者攻击和防守的迅速性、准确性和有效性。速度训练旨在通过专门的训练，提高武者的反应速度、动作速度和移动速度。

速度训练的精准性，体现在对训练目标的明确和训练方法的针对性上。针对反应速度的训练，可以通过信号反应练习、快速攻防转换练习等方式进行；针对动作速度的训练，则可以通过快速击打练习、快速移动练习等手段进行；而针对移动速度的训练，则可以通过短距离冲刺、变向跑等练习来提高。

速度训练的高效性，则依赖科学的训练安排和合理的训练强度。在训练时，应注重训练的连贯性和节奏感，确保动作的流畅和协调。同时，合理的训练强度也是提高速度训练效果的关键。过高的强度可能导致疲劳积累和运动损伤，而过低的强度则无法有效刺激速度的提高。因此，在速度训练中应根据武者的实际情况和训练目标来制订合适的训练计划。

（三）力量与速度的协同作用与平衡发展

在武术实战中，力量与速度往往是相互依存、相互促进的。力量为速度提供了必要的支撑和保障，而速度则使力量得以更加迅速、准确的发挥。因此，在力量与速度的专项训练中，应注重二者的协同作用和平衡发展。

协同作用体现在训练过程中的相互配合和相互促进上。例如，在爆发力训练中，可以通过结合力量训练和速度训练来提高肌肉的快速收缩能力；在攻防转换练习中，可以通过提高反应速度和动作速度来增强攻防的连贯性和有效性。这种协同作用不仅能够提高训练效果，还能使武者在实战中更加从容地应对各种复杂情况。

平衡发展则要求武者在力量与速度的训练中保持均衡和全面。不应过分地追求某一方面的提升而忽视另一方面的训练。只有力量与速度得到均衡发展，武者才能在实战中展现出更加全面和强大的技击能力。

（四）科技辅助与个性化训练：力量与速度训练的新趋势

随着科技的不断发展，越来越多的科技手段被应用于武术的力量与速度训练中。这些科技手段不仅提高了训练的精准性和高效性，还为个性化训练提供了可能。

科技辅助训练包括使用先进的训练设备、监测系统和数据分析软件等。例如，通过使用力量传感器和速度计等设备，可以实时监测武者的力量输出和速度表现；通过数据分析软件，可以对训练数据进行深入分析并制订相应的训练计划。这些科技手段为训练提供了更加客观和科学的依据。

个性化训练，则是根据武者的个人特点和训练需求来制订针对性的训练计划。通过评估武者的身体素质、技术水平和训练目标等因素制订个性化的训练方案，以提高训练效果和满足武者的个性化需求。这种训练方式不仅有助于提升武者的力量与速度，还能增强其自信心和训练动力。

四、传统与现代训练方法的结合

（一）传统训练方法的精髓与价值

在武术的悠久历史中，传统训练方法承载着丰富的经验和智慧，是武术文化的重要组成部分。这些方法不仅注重身体的锻炼，更强调内外兼修、形神合一的理念。传统训练方法如站桩、打坐、套路练习等，旨在通过长时间的修炼，提升内在的力量和气质，使武者达到身心合一的境界。

站桩作为传统武术的基本功之一，通过静态的站立姿势，调节呼吸、放松身心，增强下肢力量和稳定性；打坐则是一种心灵的修炼方式，通过冥想和呼吸控制，使武者达到内心的平静和专注。套路练习则是将多个技术动作按照一定的顺序和节奏组合起来进行练习，旨在培养武者的协调性、连贯性和节奏感。

传统训练方法的精髓在于其独特的哲学思想和修炼理念。它们不仅关注技术动作的准确性和规范性，更注重武者的内在修养和精神追求。这种修炼方式使武者在提升技艺的同时，也能加深对武术文化的理解和认同。

（二）现代训练方法的创新与发展

随着科技的进步和体育科学的发展，现代训练方法逐渐融入武术训练中，为武术训练带来了新的思路和方法。现代训练方法注重科学性、系统性和针对性，通过科学的训练计划和先进的训练设备，提高训练效果和安全性。

现代训练方法包括力量训练、速度训练、柔韧性训练等多个方面。通过科学的力量训练计划，可以有效提升武者的肌肉力量和爆发力；通过速度训练，可以提高武者的反应速度和动作速度；而柔韧性训练则有助于增加关节的灵活性和扩大运动范围。此外，现代训练方法还注重对训练数据的监测和分析，通过数据分析来评估训练效果和调整训练计划。

现代训练方法的创新与发展，不仅提高了武术训练的科学性和系统性，也为武者的个性化训练提供了可能。结合武者的特点和训练需求来制订有针对性的训练计划，可以更加精准地提升武者的技艺水平和身体素质。

（三）传统与现代训练方法的融合与创新

在武术基本功训练中，传统与现代训练方法并不是相互排斥的，而是可以相互融合、相互促进的。通过将传统训练方法的精髓与现代训练方法的科学性相结合，可以创造出更加全面、高效的训练方法。

一方面，传统训练方法中的哲学思想和修炼理念可以为现代训练方法提供指导和借鉴。例如，在力量训练中融入站桩的呼吸控制和意念集中，可以使力量训练更加深入和有效；在柔韧性训练中借鉴打坐的心态调节和放松技巧，可以帮助武者更好地放松身心、提高柔韧性。

另一方面，现代训练方法的科学性和系统性，也可以为传统训练方法注入新的活力。例如，通过科学的数据监测和分析来评估传统训练方法的效果，并根据分析结果进行调整和优化；利用现代训练设备辅助传统训练方法的实施，提高训练效率和安全性。

在融合与创新的过程中，需要注重传统与现代训练方法的相互补充和相互促进。既要保留传统训练方法的精髓和价值，又要吸收现代训练方法的优点和长处。只有这样，才能创造出更加符合时代要求、更加科学高效的武术基本功训练方法。

第二节 拳术的种类与特点

一、长拳：舒展大方，快速有力

（一）长拳的历史渊源与流派传承

长拳，作为中国传统武术中的一大流派，其历史渊源可追溯至古代军旅武术与民间武术的融合。自古以来，长拳便以其独特的技击风格和训练体系，在中国武术界占据着举足轻重的地位。在漫长的历史长河中，长拳不断吸收各家之长，逐渐形成了多个流派，如查拳、华拳、炮拳等，每一流派都蕴含着深厚的文化底蕴和独特的技击特色。

长拳的流派传承，不仅体现在技术动作的传承上，更在于武术精神的传承。历代武术大师通过口传心授的方式，将长拳的精髓与武术的哲理传授给后人，使得长拳得以薪火相传，生生不息。这种传承不仅是对技术动作的继承，更是对武术文化、武术精神的弘扬和发展。

（二）长拳的技术特点与艺术风格

长拳以其舒展大方、快速有力的技术特点而著称。在技术动作上，长拳注重身体的内外协调与整体发力，动作幅度大、线路长，展现出一种磅礴的气势和力量之美。同时，长拳还强调快速连贯、节奏鲜明，通过快速的攻防转换和有力的击打动作，展现出一种动态的美感和力量感。

在艺术风格上，长拳追求的是形神兼备、内外合一的境界。它不仅仅是一种技击术，更是一种集健身、防身、修心于一体的文体活动。在长拳的演练中，武者需要全神贯注、意领身随，通过身体的运动来表达内心的情感和力量，展现出一种独特的艺术魅力。

（三）长拳的实战应用与训练价值

长拳作为一种实战性很强的拳术，其技击价值不言而喻。在实战中，长拳的快速有力、攻防兼备的特点能够充分发挥作用，使武者能够在短时间内快速制服对手。同时，长拳还注重步法的灵活多变和身法的躲闪腾挪，使武者在面对复杂多变的实战环境时能够从容应对。

除了实战应用外，长拳还具有很高的训练价值。通过长拳的训练，不仅可以提高武者的身体素质和技击能力，还可以培养武者的意志品质、反应能力和判断能力。长拳的训练过程是一个全面提升的过程，它要求武者不断挑战自我、超越极限，从而达到身心合一、内外兼修的境界。

综上所述，长拳作为中国传统武术中的瑰宝，以其舒展大方、快速有力的技术特点和深厚的文化底蕴，赢得了广泛的赞誉和喜爱。在未来的发展中，长拳将继续传承和发扬其独特的技击风格和武术精神，为中华武术的繁荣和发展贡献自己的力量。

二、太极拳：以柔克刚，内外兼修

（一）太极拳的历史渊源与文化底蕴

太极拳，作为中国武术中的一朵奇葩，其历史渊源可追溯至明末清初。太极拳融合了道家哲学、中医理论与武术技击精髓，形成了独具特色的拳术体系。太极拳不仅仅是一种拳术，更是一种文化的载体，蕴含着深厚的中华文化底蕴。它强调"天人合一"的哲学思想，追求人与自然的和谐共生，体现了中华民族对于生命、宇宙、自然的深刻理解和独特智慧。

在太极拳的发展中，历代宗师不断探索、创新，形成了多种流派，如陈式、杨式、武式、吴式、孙式等，每一流派都有其独特的风格和特点，但都共同遵循太极拳的核心原则——以柔克刚、后发制人。这种拳术理念不仅体现在技术动作上，而且渗透进了太极拳的文化内涵之中，成为太极拳区别于其他拳术的重要标志。

（二）太极拳的技术特点与运动美学

太极拳的技术特点体现在"以柔克刚"和"内外兼修"两个方面。在技击上，太极拳强调"四两拨千斤"，即运用柔劲、化劲来化解对方的攻击，并寻找机会进行反击。这种技击方式看似柔弱无力，实则蕴含着强大的内在力量，能够在对抗中占据主动。同时，太极拳还注重身法的灵活多变和步法的稳健扎实，使武者在运动中能保持高度的平衡和稳定。

在运动美学上，太极拳以其独特的动作设计和流畅的运动轨迹展现出一种优雅、和谐的美感。太极拳的动作缓慢而连贯，每一个动作都充满了韵律和节奏感，仿佛是在进行一场无声的舞蹈。这种美感不仅体现在外在的肢体动作上，更体现在武者的内在气质和精神状态上。通过练习太极拳，武者可以培养出一种平和、宁静的心态，使身心达到高度的和谐与统一。

（三）太极拳的养生价值与心理健康

太极拳不仅是一种技击术，更是一种养生之道。它强调通过呼吸调节、意念引导和肢体运动来调理人体内部的气血运行和脏腑功能，从而达到强身健体、延年益寿的效果。太极拳的呼吸方法独特而深奥，通过深长的腹式呼吸来增强肺活量和改善心肺功能；同时，通过意念的引导来集中精神、排除杂念，使身心得到放松和休息。

在心理健康方面，太极拳也发挥着积极的作用。在现代社会中，人们面临巨大的生活压力和工作压力，容易产生焦虑、抑郁等心理问题。而太极拳的练习可以帮助人们缓解压力、释放情绪，使心灵得到宁静和安慰。

通过练习太极拳，人们可以学会如何调整自己的心态和情绪，以更加平和、乐观的态度面对生活中的挑战和困难。

（四）太极拳的社会功能与文化传承

太极拳作为一种具有广泛社会影响力的拳术，不仅在国内受到广大民众的喜爱和推崇，在国际上也享有很高的声誉。太极拳的普及和推广对于促进全民健身、提高人民健康水平具有重要意义。同时，太极拳已成为中外文化交流的重要桥梁和纽带，通过太极拳的交流和传播，可以增进各国人民之间的友谊和了解，推动世界文化的多样性和共同发展。

此外，太极拳还承载着重要的文化传承使命。作为中国传统文化的瑰宝之一，太极拳蕴含着丰富的哲学思想、文化理念和人文精神。通过太极拳的学习和传承，可以让世界上更多的人了解中国文化的精髓和魅力，增强民族自豪感和文化自信心。因此，我们应该积极推广和传承太极拳这一优秀的文化遗产，让它在新的时代焕发出更加绚丽的光彩。

三、形意拳：象形取意，形神兼备

（一）形意拳的渊源与哲学基础

形意拳，作为中国武术中的瑰宝之一，其历史渊源可追溯至明清之际，融合了道家、儒家及兵家等多元文化思想，形成了独特的武术体系。形意拳的命名便蕴含深意，"形"指世间万物之形态，"意"则指内在之意念与精神，二者相辅相成，共同构成了形意拳的核心要义。其哲学基础深植于中国传统文化的土壤之中，尤其是道家"道法自然"的理念，强调人与自然的和谐统一，以及通过模仿自然万物修炼身心，达到形神兼备的境界。

（二）象形取意的技法特色

形意拳最显著的特点之一便是"象形取意"。这一技法特色体现在拳术的动作设计上，它通过观察自然界中各种动物的形态、习性和力量特征，将其精髓融入拳术之中，创造出形态各异、威力无穷的拳法招式，如"龙形"拳法，模拟龙游四海、腾云驾雾之势，动作连绵不断，气势磅礴；"虎形"拳法则以虎的勇猛、威猛为基，动作刚劲有力，虎虎生风。这种象形取意的方式，不仅使形意拳的动作充满了生动性和形象感，也让武者在练习时能够更深刻地体会到自然界的奥秘和力量。

（三）形神兼备的修炼目标

形意拳的修炼目标在于达到"形神兼备"的境界。这里所说的"形"，指的是拳术的外在表现形式，包括动作的规范、力度的掌握、节奏的把控等；而"神"，则是指武者的内在气质和精神状态。形意拳强调内外兼修，认为只有形神合一，才能真正发挥该拳术的威力。在修炼时，武者需要注重身体的柔韧性和力量的协调性，同时也要培养自己的意志品质、专注力和应变能力。通过长期的修炼和体悟，武者可以达到形神兼备的境界，使拳术成为自己身体和精神的一部分，随心所欲而不逾矩。

（四）形意拳的社会价值与文化传承

形意拳不仅是一种优秀的武术拳种，更承载着重要的社会价值和文化传承使命。在社会价值方面，形意拳的普及和推广有助于推动全民健身运动，提高人民的身体素质和健康水平。同时，形意拳所蕴含的传统文化精神和哲学思想，对于培养人们的道德情操、提升社会文明程度也具有积极作用。在文化传承方面，形意拳作为中国传统武术的重要组成部分，承载着丰富的历史记忆和文化基因。通过传承和弘扬形意拳文化，可以让更多的人了解中国武术的博大精深和独特魅力，增强民族自豪感和文化自信心。同时，形意拳的国际化传播有助于增进世界各国人民之间的友谊和了解，促进世界文化的多样性和共同发展。因此，人们应该珍视和保护好形意拳这一宝贵的文化遗产，让它在新时代焕发光彩。

四、南拳：短桥窄马，刚劲有力

（一）南拳的历史渊源与地域特色

南拳，作为中国武术中独具特色的一大流派，其历史渊源悠久，深受南方地区地理环境、气候条件及人文风俗的影响。南方多山多水，地形复杂多变，这种自然环境促使南拳在发展过程中形成了独特的技击风格和训练体系。南拳广泛流传于广东、福建、广西、湖南等省份，各地南拳虽有所差异，但均体现出短桥窄马、刚劲有力的特点。这种风格不仅适应了南方人的体型特征和力量特点，也体现了南方人民坚韧不拔、勇于拼搏的精神风貌。

（二）短桥窄马的技法精髓

"短桥窄马"是南拳技法的精髓所在。所谓"短桥"，指的是南拳在攻防转换中，手臂的屈伸变化幅度相对较小，动作紧凑连贯，以快速有力的短打为主。这种技法使得南拳在近距离格斗中能够快速占据优势，给对手以沉重的打击。而"窄马"则是指南拳在步法上注重稳固与灵活结合，步幅相对较小，但移动迅速，便于在狭小的空间内进行快速的攻防转换。短桥窄马的技法精髓，使得南拳在实战中能够发挥极高的效率和威力。

（三）刚劲有力的力量表现

南拳以刚劲有力著称，这种力量表现不仅体现在拳脚的击打力度上，更贯穿于整个拳术的演练过程之中。南拳的发力方式独特，注重腰马合一、力从地起，通过身体的整体协调将力量凝聚于一点，爆发出惊人的威力。在动作表现上，南拳的拳法刚猛有力，腿法迅猛凌厉，一招一式都充满了力量和速度的美感。这种刚劲的力量表现，不仅让南拳在实战中能够给对手以沉重的打击，也让其成了一种极具观赏性的武术表演形式。

（四）南拳的文化内涵与社会价值

南拳不仅仅是一种技击术，更是一种文化的载体和精神的象征。它蕴含着南方人民独特的文化理念和价值追求，体现了南方文化的开放包容、勇于创新的精神特质。南拳的修炼过程不仅是对身体素质的提升和技击能力的训练，更是对意志品质、道德情操的磨砺和升华。通过南拳的修炼，可以培养出武者坚韧不拔、勇往直前的精神风貌和面对困难不屈不挠的斗争精神。

在社会价值方面，南拳的普及和推广对于推动全民健身运动、提高人民的身体素质和健康水平具有重要意义。同时，南拳作为中国传统武术的重要组成部分，其传承和发展也是对中华优秀传统文化的弘扬和传承。通过南拳的国际化传播和交流，可以让更多的人了解中国武术的博大精深和独特魅力，增进世界各国人民之间的友谊和了解，促进世界文化的多样性和共同发展。因此，我们应该积极保护和传承南拳这一宝贵的文化遗产，让其在新时代焕发出更加绚丽的光彩。

第三节 器械武术的多样性

一、刀剑类：轻灵迅疾，刚柔并济

（一）刀剑类器械的历史沿革与艺术魅力

刀剑，作为武术器械中的经典代表，其历史沿革可追溯至远古时期，随着人类文明的进步而不断地发展演变。从最初的生存工具到后来的战争武器，再到后来的武术演练器械，刀剑不仅见证了人类社会的变迁，而且承载着丰富的文化内涵和艺术魅力。在中国传统文化中，刀剑被赋予诸多象征意义，如英勇、正义、智慧与高雅等，成了文人墨客笔下赞颂的对象和武者心中追求的圣物。

刀剑类器械的艺术魅力，在于其形态之美、材质之精与技艺之巧。从剑身的流线型设计到刀背的厚重沉稳，每一把刀剑都蕴含着匠人的心血与智慧。而材质的选择，如精钢、青铜、玉石等，不仅影响着刀剑的实用性能，更增添了其观赏价值。在技艺方面，无论是剑法的轻灵飘逸、剑指生风，还是刀法的刚猛凌厉、力劈华山，都展现了武者对力量的精准掌控与艺术的深刻理解。

（二）轻灵迅疾与刚柔并济的技法特点

刀剑类武术的技法特点，集中体现在"轻灵迅疾"与"刚柔并济"两个方面。轻灵迅疾，是指刀剑在舞动时如同行云流水般自然流畅，速度之快令人目不暇接。这种技法要求武者具备极高的身体协调性和反应速度，能够在瞬间完成复杂的攻防转换。同时，轻灵迅疾的技法也赋予刀剑类武术以灵动之美，使之在实战与表演中均能展现出独特的魅力。

刚柔并济，则是刀剑类武术技法的另一大特色。刚，指的是刀剑在出击时的力度与威猛，要求武者能够集全身之力于一点，爆发出强大的攻击力；而柔，则是指刀剑在回收或变招时的灵活与韧性，要求武者顺应对手的变化，及时调整自己的策略与动作。刚柔并济的技法不仅增强了刀剑类武术的实战效果，也使其在表演时更加富有层次感和观赏性。

（三）刀剑类武术的文化内涵与精神追求

刀剑类武术不仅仅是一种技艺展现，更是一种文化传承与精神追求。在中国传统文化中，刀剑被视为君子之器，代表高尚的品德与不屈的精神。通过刀剑类武术的学习与修炼，武者既可以培养自己的意志品质、道德修养和审美情趣。在舞动刀剑时，武者既可以感受到自己的力量与智慧在不断提升，也可以体会到与天地、自然和谐共生的美妙境界。

此外，刀剑类武术还蕴含着深厚的民族精神与爱国情怀。在历史的长河中，无数英雄豪杰以刀剑为伴，保家卫国、英勇抗敌。他们的英勇事迹激励着后人不断前行、奋发图强。因此，刀剑类武术不仅是中国传统文化的重要组成部分，也是中华民族精神的重要象征之一。在当今社会，我们应该继续传承和发扬刀剑类武术的优秀传统和文化内涵，让其在新时代焕发出更加绚丽的光彩。

二、枪棍类：长兵之首，力大势沉

（一）枪棍类器械的历史地位与实战价值

枪棍类器械，在中国武术的浩瀚星空中，无疑占据着举足轻重的地位，被誉为"长兵之首"。自古以来，枪棍便是战场上不可或缺的武器，其长度优势使得武者在面对敌人时能够保持一定的安全距离，同时可利用杠杆原理发挥超乎寻常的攻击力量。在冷兵器时代，枪棍的实战价值无可估量，它们不仅是杀敌制胜的利器，更是武者身份与荣誉的象征。

随着历史的演进，枪棍逐渐从战场走向武坛，成为武术演练中的重要器械。在武术家手中，枪棍不再仅仅是冰冷的武器，而是被赋予了生命与灵魂的艺术品。通过巧妙的身法、步法与枪棍法的结合，武者能够展现出枪棍独特的魅力与韵味，让人叹为观止。

（二）力大势沉与灵活多变的技法特征

枪棍类武术的技法特征，最为显著的莫过于"力大势沉"与"灵活多变"。力大势沉，指的是枪棍在舞动时能够产生巨大的冲击力和穿透力，仿佛有千钧之重，势不可挡。这种技法要求武者具备强大的身体素质和扎实的基本功，能够充分运用腰马合一的力量，将全身之力凝聚于枪棍之尖，一击必中。

而灵活多变，则是枪棍类武术的另一大特色。枪棍虽然长而重，但在武者的巧妙操控下，却能够如同蛟龙戏水般灵活自如。无论是进攻、防守还是变招，都能做到迅速而准确，让对手难以捉摸。这种灵活多变的技法不仅增强了枪棍类武术的实战效果，也使其在表演中更加引人入胜。

（三）枪棍类武术的文化内涵与精神修养

枪棍类武术不仅仅是技艺的展现，更是文化的传承与精神的修养。在中国传统文化中，枪棍被视为正直、坚韧与勇敢的象征。通过对枪棍类武术的学习与修炼，武者可以培养出正直品格、坚韧意志和勇敢精神。在舞动枪棍时，武者需要时刻保持清醒的头脑和冷静的心态，以应对各种复杂多变的局势。这种修炼过程不仅是对身体的锻炼，更是对心灵的磨砺与升华。

此外，枪棍类武术还蕴含着深厚的哲学思想与道德观念。它强调人与自然的和谐共生、天人合一的境界追求以及以柔克刚、以静制动的战术智慧。这些思想观念不仅为武者提供了宝贵的精神财富和人生指导，也为中华文化的传承与发展注入了新的活力与内涵。

综上所述，枪棍类武术作为中国武术的重要组成部分，以其独特的历史地位、实战价值、技法特征和文化内涵而备受瞩目。在当今社会，我们应该继续传承和发扬枪棍类武术的优秀传统和文化精髓，让其在新时代焕发出更加璀璨的光彩。

三、软兵器：灵活多变，出其不意

（一）软兵器的独特魅力与多样性

在武术的广阔天地，软兵器以其独特的魅力与多样性，成了一道亮丽的风景线。软兵器，顾名思义，是指那些质地柔软、可弯曲变形但仍能用于攻防的武术器械，如鞭、剑、绳、带等。它们不像刀枪剑戟那样坚硬锐利，却能在武者的巧妙运用下，展现出惊人的灵活性和攻击性。

软兵器的独特之处在于其形态与用法的多样性。它们没有固定的形态，可以根据武者的需要和想象力进行无限的变化和组合。这种灵活性使得软兵器在实战中能够出其不意地攻击对手，让对手难以防范。同时，软兵器在演练中也极具观赏性，武者的每一次挥舞、每一次缠绕都仿佛在编织一幅幅生动的画卷，令人目不暇接。

（二）灵活多变的技法核心

软兵器之所以成为武术的一大流派，关键在于其灵活多变的技法。这些技法不仅要求武者具备较强的身体素质，如力量、速度、柔韧性等，更需要武者具备敏锐的观察力、判断力和应变能力。在实战中，武者需要根据对手的动作和意图，迅速调整自己的攻击方向和力度，利用软兵器的柔软性和可变性，实现"以柔克刚""以曲制直"的战术效果。

此外，软兵器的技法还强调"意在先，形随后"的理念，即武者在运用软兵器时，首先要做到心意相通、意到身随，通过内心的意念来引导身体的动作。这种意念的引导能使武者的动作更加流畅自然、协调一致，同时也增强了攻击的准确性和有效性。

（三）软兵器背后的文化意蕴与精神追求

软兵器不仅仅是武术技艺的载体，更是中国传统文化的重要组成部分。它们蕴含着丰富的文化意蕴和精神追求。在中国传统文化中，软兵器常被赋予"柔中带刚""以静制动"的哲学思想。这些思想不仅体现了中国文化的精髓和智慧，也为武者提供了宝贵的人生指导和精神寄托。

通过软兵器的修炼，武者可以培养自己的耐心、毅力和坚韧不拔的精神品质。在舞动软兵器时，武者需要不断调整自己的呼吸、节奏和心态，以达到内外合一、身心合一的境界。这种修炼过程不仅是对身体的锻炼和技艺的提升，更是对心灵的磨砺和精神的升华。

同时，软兵器也体现了中国武术"以武止戈""以武会友"的和谐理念。在运用软兵器时，武者不仅追求技艺的精湛和攻击的猛烈，更注重对对手的尊重和礼让。他们通过软兵器的演练和交流，增进彼此之间的友谊和信任，共同推动中国武术的传承与发展。

综上所述，软兵器作为武术器械中的一朵奇葩，以其独特的魅力、灵活多变的技法和深厚的文化意蕴而备受瞩目。在未来的发展中，我们应该继续挖掘和传承软兵器的优秀传统和文化精髓，让其在新时代焕发出更加绚丽的光彩。

四、传统与现代器械的创新融合

（一）传统器械的现代演绎

在武术的广阔舞台上，传统器械承载着厚重的历史与文化底蕴，其独特的造型、精湛的工艺以及深厚的文化内涵，使得它们成为武术文化中不可或缺的一部分。然而，随着时代的变迁和科技的发展，传统器械也迎来了与现代元素的融合与创新。这种融合不仅体现在材料、工艺上的升级，更在于设计理念与运用方式的现代化转变。

现代设计师们巧妙地将传统器械的精髓与现代审美相结合，创造出既保留传统韵味又不失时代感的新型器械。例如，利用现代材料如碳纤维、钛合金等，打造出既轻便又坚固的剑、刀、枪等；在保持传统器械基本形态的基础上，融入流线型设计元素，使其更符合人体工学原理，提升使用者的舒适度与体验感。此外，通过数字技术，如3D（3-Dimensions）打印、虚拟现实等，使传统器械的制作过程更加精准高效，同时也为武术爱好者提供了更加多样化的选择。

（二）现代器械对传统的借鉴与融合

在追求创新与发展的同时，现代器械也积极从传统器械中汲取灵感与营养。传统器械所蕴含的文化内涵、技法精髓以及哲学思想，为现代器械的设计与开发提供了宝贵的资源。现代设计师通过深入研究传统器械的历史背景、制作工艺以及运用方法，将其中的优秀元素提炼出来，并巧妙地融入现代器械之中。

例如，在开发新型格斗器械时，设计师们会参考传统武术中的攻防理念与技法特点，设计出既满足实战需求又符合人体运动规律的器械。同时，他们还会借鉴传统器械的装饰元素与图案设计，为现代器械增添一份独特的文化韵味。这种融合不仅丰富了现代器械的种类与风格，也促进了传统武术文化的传承与发展。

（三）创新融合带来的技艺革新

传统与现代器械的创新融合，不仅体现在器械本身的设计与制作上，更深刻地影响着武术技艺的发展与革新。新型器械的出现，为武术爱好者提供了更加多样化的训练工具与实战选择，促使他们在实践中不断探索新的技法与战术。同时，这种融合也推动了武术教学方式的创新与发展，使得武术教学更加科学化、系统化、个性化。

在技艺革新方面，传统与现代器械的融合促使武术技艺不断向更高层次发展。例如，在剑术、枪术等传统武术项目中，新型器械的运用使得武者的动作更加流畅自然、攻击更加迅猛有力；同时，现代科技手段的应用也使得武术教学更加直观生动、易于理解和掌握。这种技艺革新不仅提高了武术运动的竞技水平，也促进了武术文化的普及与传播。

（四）文化传承与创新发展的平衡

在传统与现代器械的创新融合过程中，如何保持文化传承与创新发展的平衡是一个值得深思的问题。一方面，我们要尊重传统、珍视历史遗产、努力挖掘和传承传统器械中的优秀元素与文化精髓。另一方面，我们也要勇于探索、敢于创新、积极吸收现代科技与文化成果，为传统武术注入新的活力与生机。

为了实现这一平衡，我们需要加强跨学科的研究与合作，推动武术与其他领域的深度融合与交流。例如，可以与材料科学、人体工学、信息技术等领域进行合作研究，共同探索新型器械的设计与制作技术；同时，也可以与文化艺术、体育教育等领域进行合作推广，共同推动武术文化的传承与发展。此外，我们还需要加强武术教育与培训体系建设，培养更多具有创新精神和实践能力的武术人才，为传统与现代器械的创新融合提供有力的人才保障。

第四节 对练与散打的艺术

一、对练：攻防兼备，默契配合

（一）对练：武术之魂，攻防并进的艺术

在武术的浩瀚星空中，对练无疑是最为璀璨夺目的一颗星星。它不仅仅是技艺的切磋，更是智慧与勇气的交融，体现了武术"攻防兼备"的理念。对练，顾名思义，是两人或多人之间，在预设或自由变化的情境下，进行的攻防技法的实际演练。这一过程，既是对个人武术技能的检验与提升，也是对团队默契与战术配合的培养。

首先，从技术层面来看，对练要求参与者掌握扎实的武术基本功，包括拳法、腿法、身法、步法等基本技法。在实战模拟中，需灵活运用这些技法，相互交织，形成一套连贯且有力的攻防体系。攻击时，需审时度势，力求精准高效；防守时，则需快速反应，稳固防守，伺机反击。这种动态

平衡，不仅考验参与者的技术实力，而且促进了技术的精进与创新。

其次，对练强调"攻防兼备"的哲学思想。在武术世界，进攻与防守并非孤立的存在，而是相辅相成、互为依存。一个优秀的武者，不仅要凌厉进攻，更要懂得如何有效防守，做到攻中有防，防中带攻。这种思想的融入，使得对练不仅仅是一场体能的较量，更是一场智慧的博弈。参与者在不断的攻防转换中，学会了如何判断对手的意图，预测对手的动作，从而制定出更加合理有效的战术策略。

最后，对练还是培养默契与团队精神的重要途径。在团队对练中，每个成员都需要与队友保持高度的默契，理解对方的意图，配合对方的动作，共同完成攻防任务。这种默契的建立，需要长时间的磨合与训练，而一旦形成，便能产生强大的战斗力。同时，对练中的相互鼓励与支持，也增强了团队成员之间的凝聚力与信任感，为日后的实战打下了坚实的基础。

（二）默契配合：武术之韵，团队协作乐章

默契配合，是对练中不可或缺的一环。它如同音乐中的旋律与节奏，将各个独立的音符串联成一首和谐美妙的乐章。在武术对练中，默契配合不仅关乎技术的发挥，更影响战术的执行与战局的走向。

首先，默契配合要求参与者具备高度的注意力与感知能力。在快速变化的实战情境中，一个细微的眼神交流、一个微妙的动作暗示，都可能成

为决定胜负的关键因素。因此，参与者需要时刻保持警觉，敏锐地捕捉对方的意图与动态，并据此做出迅速而准确的反应。这种能力的培养，不仅提高了参与者的实战能力，也增强了他们的心理素质与应变能力。

其次，默契配合强调团队成员之间的沟通与协作。在团队对练时，每个成员都需要明确自己的角色与任务，并与队友保持紧密的沟通与协作。通过有效的沟通，可以消除误解与隔阂，确保战术意图的准确传达与执行；通过紧密的协作，可以形成合力、共同抵御对手的进攻，并寻找机会进行反击。这种沟通与协作能力，是团队成功的关键所在。

最后，默契配合还体现在对战术的灵活运用与调整上。在实战中，情况往往瞬息万变，一个固定的战术很可能无法应对所有的挑战。因此，参与者需要具备灵活的思维与敏锐的洞察力，根据战场形势及时调整战术策略。同时，团队成员之间也需要保持高度的默契与信任，共同应对突发情况，确保战术的顺利实施与战局的稳定。

（三）对练与散打的艺术：武术之美，技与道的融合

对练与散打，作为武术的两种重要表现形式，各自具有不同的艺术魅力与哲学思想。然而，在本质上，它们都是技与道的融合体，共同展现了武术之美。

对练之美，在于其攻防兼备、默契配合的艺术性。在对练时，参与者

通过精妙的技法展示、流畅的攻防转换以及默契的团队协作,将武术的技击性与观赏性完美结合。这种美,不仅体现在技术层面的精湛与高超上,更体现在精神层面的坚韧与不屈上。参与者在对练中磨砺意志、锤炼品质,不断追求更高、更快、更强的目标。

散打之美,则在于其自由搏击、实战应用的实用性。散打作为武术的一种实战形式,强调在无规则或有限规则情况下自由搏击。在散打时,参与者需要运用所学技法进行实战对抗,通过快速反应、准确的判断以及有效的攻防手段战胜对手。这种实战对抗不仅考验了参与者的技术实力与战术素养,更培养了他们的勇气与自信。

然而,无论是对练还是散打,它们都是技与道的融合体。技是武术的外在表现形式,是参与者通过长期训练与实践所掌握的技术与方法;而道则是武术的内在精神追求,是参与者在武术修炼中领悟的哲学思想与人生智慧。技与道的融合,使得武术不仅仅是一种体育竞技项目或防身自卫技能,更是一种文化传承与精神寄托。在对练与散打的艺术世界里,我们不仅能够领略到武术的技艺之美,更能感受武术的文化之美。

二、对练与散打的战术布局与策略

(一)对练中的战术布局:默契与策略的交织

在对练时,战术布局是提高训练效果与实战能力的重要手段。它不仅仅是技术动作的简单组合，更是参与者之间默契配合与战略思维的体现。有效的战术布局能够最大限度地发挥每位参与者的优势，同时削弱对手的攻势，从而在模拟实战中占据主动。

首先，战术布局需要根据参与者的个人特点与技能水平。每位参与者在力量、速度、灵活性、技术专长等方面都有所不同，因此，在进行战术布局时，应充分考虑这些差异，为每位参与者量身定制合适的角色与任务。例如，力量型选手可以承担进攻重任，而灵活性强的选手则更适合进行快速移动与防守反击。

其次，战术布局还需注重参与者之间的默契配合。默契是对练成功的关键，它要求参与者之间心领神会，无须言语便能理解对方的意图与动作。在战术布局中，应设计一系列相互衔接、互为支撑的动作组合，让参与者在不断的练习中逐渐建立默契感。同时，还应鼓励参与者之间多沟通交流，分享彼此的感受与经验，以进一步提升相互的默契程度。

（二）散打中的策略运用：灵活多变，因敌制胜

散打作为实战对抗项目，其策略运用至关重要。在激烈的对抗中，运动员需要根据对手的实际情况与场上形势的变化，灵活运用各种策略应对挑战。有效的策略不仅能够提高运动员的胜率，还能在关键时刻挽救败局。

首先，散打策略应注重灵活多变。由于每位对手的技术特点、身体素

质与心理状态不同，因此，在制定策略时，应避免僵化思维与固定模式。运动员应根据对手的实际情况与场上形势的变化，灵活调整自己的打法与节奏，出其不意地攻击对手。例如，当对手防守严密时，可以采取佯攻诱敌的策略，引诱对手露出破绽；当对手体力下降时，则可以加大进攻力度，争取一举获胜。

其次，散打策略还需注重因敌制胜。在实战对抗时，运动员应善于观察对手的弱点与漏洞，并制定针对性的策略。例如，当对手擅长腿法攻击时，可以加强防守并寻找机会进行摔法反击；当对手速度较慢时，则可以利用自己的灵活性快速移动与连续进攻。通过因敌制胜的策略运用，运动员能够在实战中占据主动地位并提高胜率。

（三）战术布局与策略的心理调适

无论是对练还是散打，战术布局与策略的运用都离不开心理调适的支持。良好的心理状态能够帮助运动员在紧张激烈的对抗中保持冷静与自信，从而更好地发挥技术与策略优势。

首先，运动员需要树立正确的比赛观念与心态。他们应将比赛视为一种锻炼与提升自我的机会，而不是过分追求胜负结果。这种积极的心态能够帮助运动员减轻心理压力与负担，更加专注于技术与策略的运用。

其次，运动员还需要学会在比赛中进行自我调适与心理暗示。当遇到困难或挫折时,他们应能够迅速调整自己的情绪与心态,通过积极的心理暗示激发自己的斗志与信心。例如,当感到疲惫或紧张时,可以深呼吸并暗示自己,用"我能行""我一定能战胜对手"等积极的话语来激励自己。

(四)战术布局与策略的持续优化与创新

随着武术技术的不断发展与更新,战术布局与策略的运用也需要持续优化与创新。只有不断地适应时代的发展与对手的变化,才能在激烈的竞争中保持领先地位。

首先,运动员应不断学习新的技术与战术知识。他们可以通过参加专业培训、观看高水平的比赛视频以及与其他优秀运动员交流学习等方式来拓宽自己的视野与知识面。同时,还应注重将所学知识与自身实际情况相结合进行实践与创新。

其次,战术布局与策略的优化与创新还需要注重团队合作与集体智慧的发挥。一个优秀的团队能集思广益、群策群力地制订出更加科学合理且富有创意的战术布局与策略方案。因此,在优化与创新过程中,应注重团队成员之间的沟通交流与协作配合,以形成合力共同推动战术布局与策略的不断进步与发展。

三、艺术表现与竞技精神的融合

（一）对练中的艺术表现：和谐与力量的视觉盛宴

对练，作为武术训练中的重要环节，不仅仅是技术的磨砺与战术的实践，更是一场力与美的艺术展现。在这一过程中，参与者通过精准的动作、流畅的配合以及默契的互动，共同编织出一幅幅和谐与力量并存的视觉盛宴。

首先，对练中的艺术表现体现在动作的精准与规范上。武术动作讲究"形神兼备"，即动作不仅要准确到位，还要富有神韵与内涵。在对练时，参与者需要严格按照武术的规范与要求执行每一个动作，确保每一个拳法、腿法、摔法都能够展现出武术的独特魅力。这种精准与规范不仅是对武术技艺的尊重，更是对观众视觉享受的负责。

其次，对练时的艺术表现还体现在配合的流畅与默契上。对练是两个人或多人之间的协同作战，需要参与者之间建立高度的默契与信任。在对练过程中，他们需要时刻保持同步与协调，确保每一个动作都能够无缝衔接、相互呼应。这种流畅与默契不仅提高了对练的整体效果，更让观众感受到了武术的和谐之美。

（二）散打中的竞技精神：挑战自我，超越极限

散打作为实战对抗项目，其竞技精神是激励运动员不断挑战自我、超越极限的重要动力。在散打比赛中，运动员们以无畏的勇气、坚定的信念以及顽强的斗志，向着更高的目标发起冲击。

首先，竞技精神体现在运动员对胜利的渴望与追求上。他们深知胜利来之不易，因此在比赛中总是全力以赴、拼尽全力。无论是面对强大的对手还是艰难的困境，他们都能够保持冷静与自信，用实际行动证明自己的实力与价值。

其次，竞技精神还体现在运动员的自我挑战与超越上。在散打训练中，运动员需要不断突破自己的极限与瓶颈，以提高自己的竞技水平。这种挑战与超越不仅是对身体素质的考验，更是对意志品质与心理素质的磨砺。通过不断的努力与坚持，运动员们日渐成长，更加坚韧、更加优秀。

（三）艺术表现与竞技精神的相互融合

在对练与散打中，艺术表现与竞技精神并非孤立存在的两个概念，而是相互融合、相互促进的。艺术表现为竞技精神提供了展现的舞台与载体，而竞技精神则为艺术表现注入了灵魂与动力。

一方面，艺术表现为竞技精神增添了美感与魅力。通过对练中的精准动作与流畅配合以及散打比赛中的激烈对抗与精彩瞬间，观众能够感受到

武术的独特魅力与竞技精神的强大力量。这种美感与魅力的展现不仅让观众享受到了视觉上的盛宴，更激发了他们对武术与竞技精神的热爱与追求。

另一方面，竞技精神为艺术表现提供了内在的动力与支持。在竞技精神的激励下，运动员们能够更加专注地投入对练与散打中，以更加饱满的热情与更加坚定的信念展现自己的技艺与风采。这种内在的动力与支持不仅提高了运动员们的竞技水平与艺术表现力，更让他们在比赛中取得了更加优异的成绩与荣誉。

（四）对练与散打艺术的文化传承与创新

对练与散打作为中国传统武术的重要组成部分，承载着丰富的文化内涵与历史传承。在传承与发展的过程中，我们不仅要注重技艺的精湛与战术的巧妙，更要深入挖掘其背后的文化价值与艺术魅力。

一方面，我们要加强对传统武术文化的传承与弘扬。通过举办各种形式的武术比赛、交流活动以及文化展览等方式推广武术文化、普及武术知识、增强民众对武术文化的认同感与自豪感。同时，我们还要注重对传统武术技艺与战术的整理与挖掘工作，以保留其原汁原味的文化特色与艺术风格。

另一方面，我们还要积极推动对练与散打艺术的创新与发展。在保持传统武术精髓的基础上，我们要勇于尝试新的训练方法、战术布局以及艺术表现形式等来丰富对练与散打的内涵与外延。通过不断的创新与实践，让对练与散打更加符合时代发展的需要与观众的审美需求，从而推动其更加广泛地传播与发展。

第五节　武术中的内功修炼

一、内功修炼的基础与原理

（一）内功修炼的起源与意义

内功修炼，作为武术体系中不可或缺的一环，其历史可追溯至古代中国对于身心和谐统一的追求。这一修炼方式不仅根植于道家、儒家、佛家等哲学思想之中，更是中华优秀传统文化中关于生命本质、宇宙规律深刻理解的具体体现。内功修炼的意义在于通过特定的呼吸法、身体姿势、意念引导等手段，调节人体内部的气血运行，强化脏腑功能，提升身体的柔韧性与力量，同时达到心性的修炼与精神的升华。

在武术实践中，内功修炼是武术的基本功。它不仅能够为拳法、腿法、身法等外功技艺提供源源不断的动力支持，还能使武者在面对对手时保持冷静、沉着，做到以静制动、以柔克刚。因此，无论是对于初学者还是资深武者而言，内功修炼都是通往武术最高境界的必经之路。

（二）内功修炼的基本原理

内功修炼的基本原理包括气血运行、经络畅通、阴阳平衡、心神合一四个方面。首先，气血运行是内功修炼的核心。通过调节呼吸节奏与深度，促进肺部与心脏的协调，加速血液中氧气的交换与营养物质的输送，从而使全身各部位得到充分的滋养与能量供应。其次，经络畅通是内功修炼的关键。人体的经络系统如同一条条无形的通道，连接着五脏六腑、四肢百骸。通过特定的身体姿势与意念引导，可以疏通经络、排除淤阻，使气血运行更加顺畅无阻。再次，阴阳平衡是内功修炼的重要原则。阴阳学说认为世间万物皆由阴阳两极构成，人体亦不例外。通过内功修炼，可以调节人体内部的阴阳平衡，使之处于和谐稳定的状态，从而增强机体的免疫力与自我修复能力。最后，心神合一则是内功修炼的最高境界。它要求武者在修炼过程中将意念集中于一点，达到心无杂念、神形合一的状态，从而达到身心的深度放松与潜能的极致发挥。

（三）内功修炼的方法与步骤

内功修炼的方法多种多样，但大体上可归纳为调身、调息、调心三个步骤。调身即调整身体姿势，使之符合武术修炼的规范与要求。在练习时，需保持身体的中正安舒、松而不懈、紧而不僵的状态，以便于气血的流通与经络的畅通。调息则是调节呼吸的方式与节奏。初学者可先从自然呼吸开始练习，逐渐过渡到腹式呼吸、逆腹式呼吸等更为深入的呼吸方式。通过调节呼吸的深度与频率，可以促进气血的循环与积聚，为内功修炼提供必要的能量支持。调心则是内功修炼的重要环节。它要求武者在修炼时保持内心的平静与专注，通过意念的引导来感知身体内部的变化与能量的流动。在达到一定程度后，甚至可以做到意念所至、气之所达的效果，达到身心的深度沟通与融合。

（四）内功修炼中的注意事项与误区

在内功修炼过程中，武者需注意以下几点以避免陷入误区：首先，应遵照循序渐进的原则，不可急于求成。内功修炼是一个长期而艰苦的过程，需要武者在练习中逐渐积累经验，提高能力。其次，应注重呼吸与意念的协调配合。呼吸是内功修炼的动力源泉，而意念则是引导气血运行的指挥棒。只有呼吸与意念达到高度的一致，才能确保内功修炼的效果。再次，应避免过度追求外在的形体变化而忽视内在的感受与体验。内功修炼的本质在于身心合一、内外兼修，过分注重外在形式而忽略了内在感受往往会导致偏离修炼方向。最后，应保持良好的心态与生活习惯。内功修炼需要武者具备坚定的信念与持之以恒的毅力，同时还需要良好的作息习惯与饮食习惯等支持。只有这样，才能确保内功修炼的持续进行并不断进步。

二、呼吸法与内气运行

（一）呼吸法的基础与重要作用

在武术内功修炼中，呼吸法被视为核心中的核心，是连接身心、调控内气运行的桥梁。呼吸不仅仅是生命的基本过程，更是武术修炼者引导内气、激发潜能的重要手段。掌握正确的呼吸法，能够使武术动作更加流畅有力，同时也为内功的深层次修炼奠定基础。

呼吸法的基础在于理解人体呼吸系统的运作原理，以及呼吸与身体其他系统(如循环、神经等)之间的密切联系。通过调节呼吸频率、深度和方式，可以有效地调节气血循环，促进新陈代谢，增强脏腑功能。在武术修炼中，呼吸法的重要作用不言而喻，它能够帮助修炼者在激烈的运动中保持身体的平衡与稳定，提高内力的输出效率，并有助于精神集中与意念引导。

（二）内气运行的原理与路径

内气，又称"真气"或"内劲"，是武术内功修炼中的核心概念。它是指通过特定的呼吸法与身体姿势，在人体内部形成并流动的一种能量。内气运行的原理在于人体经络系统的畅通与气血的和谐循环。当呼吸正确且深入时，能够激发脏腑之气，通过经络系统向全身输送，形成内气的流动与积聚。

内气运行的路径包括任督二脉、十二正经及奇经八脉等。这些经络如同人体的内部通道，连接着各个脏腑与身体部位。通过修炼，可以使内气在这些经络中顺畅运行，从而强化脏腑功能，提升身体素质。内气运行的路径并非固定不变，而是随着修炼者的水平与经验逐渐深入。

（三）呼吸与内气运行的协调配合

呼吸与内气运行的协调配合是武术内功修炼的关键。在修炼时，呼吸法的调节需与内气的流动紧密相连、相互依存、相互促进。具体而言，当吸气时，应引导内气自丹田出发，沿经络向上运行至头顶；当呼气时，则引导内气自头顶下沉至丹田，形成一个完整的循环。同时，还需注意呼吸的节奏与武术动作的配合，做到呼吸与动作的同步协调，以增强修炼效果。

为了实现呼吸法与内气运行的协调配合，修炼者需经过长期的练习与体悟。在初学时，可能会感到呼吸与内气的联系不够紧密，甚至出现呼吸不畅、内气运行受阻的情况。但随着修炼的深入与经验的积累，呼吸与内气的配合将逐渐变得自然流畅，达到"意到气到""气随意动"的境界。

（四）呼吸与内气运行的修炼要领与注意事项

在修炼呼吸与内气运行时，需掌握一定的要领并注意以下一些事项：首先，应保持身体的放松与舒适，避免因过度紧张或僵硬导致呼吸不畅。其次，呼吸应深长细匀，以腹式呼吸为主，逐渐过渡到逆腹式呼吸等更高级别的呼吸方式。同时，还需注意呼吸的节奏与深度需与武术动作相匹配，不可过急或过缓。

在修炼时，还需注意以下几点：一是要持之以恒，不可半途而废。内功修炼需要长时间的积累与坚持才能取得显著成效。二是要循序渐进，不可急于求成。修炼者应根据自身情况逐步提升修炼难度与强度。三是要注重内心修养与情绪调节。内功修炼不仅是身体的锻炼更是心灵的修炼，修炼者需保持平和的心态与稳定的情绪以避免影响修炼效果。

三、意念控制与精神力量

（一）意念控制的基础与内涵

在武术内功修炼中，意念控制是提升精神力量、深化内功修为的关键环节。意念，作为人类思维活动的核心，具有强大的引导与调控能力。在武术修炼中，意念控制的基础在于培养高度的专注力与自我觉察能力，使修炼者能够清晰地感知身体内部的微妙变化，并通过意念的引导来调控这些变化。

意念控制的内涵丰富而深远，它不仅仅是对身体动作的简单指挥，更是对内在能量流动、情绪状态乃至精神境界的全面调控。通过意念控制，修炼者可以实现对内气的精细调控，使其按照特定的路径与节奏运行；同时，也能够调整自身的情绪状态，保持内心的平静与专注，从而在面对外界干扰时依然稳定发挥。

（二）精神力量的激发与运用

精神力量，是武术内功修炼中不可或缺的重要组成部分。它源于修炼者的内在潜能与意志力，是支撑修炼者不断突破自我、挑战极限的重要动力。在武术修炼中，精神力量的激发与运用是提高实战能力、深化内功修为的关键。

要激发精神力量，修炼者首先需要培养坚定的信念与强烈的求胜欲望。这种信念与欲望能够激发修炼者的内在潜能，使其在面对困难与挑战时依然保持高昂的斗志与不屈的精神。同时，修炼者还需要通过不断的自我挑战与突破增强自身的意志力与耐力，使精神力量得到进一步的提升。

在运用精神力量时，修炼者需要将其与身体动作、呼吸法以及意念控制紧密结合。通过意念的引导与调控，使精神力量准确地作用于身体各部位，从而发挥最大的效能。同时，修炼者还需要学会在实战中灵活运用精神力量，通过心理战术、气势压制等手段干扰对手、取得胜利。

（三）意念与身体的深度融合

在武术内功修炼中，意念与身体的深度融合是提升内功修为的重要途径。这种融合不仅要求修炼者在身体上达到高度的协调与统一，更要求在意念上实现对身体各部位的精准调控与感知。

为了实现意念与身体的深度融合，修炼者需要通过长期的练习与体悟来培养武者高度的身体感知能力。在练习时，修炼者需要时刻保持对身体的关注与觉察，通过意念的引导感知身体各部位的细微变化与能量流动。同时，还需要通过特定的身体姿势与呼吸法强化身体内部的联系与协调，使身体成为一个整体、一个统一的能量体。

随着修炼的深入与经验的积累，修炼者能逐渐实现意念与身体的深度融合。在这种状态下，修炼者的每一个动作都将充满力量与精准度；同时，其内在的精神力量也将得到充分的发挥与展现。这种深度融合不仅提高了修炼者的实战能力，而且使其在内功修为上达到了一个新的高度。

（四）精神修炼与道德修养的相辅相成

在武术内功修炼中，精神修炼与道德修养是相辅相成、相互促进的两个方面。精神修炼强调的是对内在潜能与意志力的开发与提升；而道德修养则注重对人性善良、正直与宽容等美德的培养与践行。

精神修炼为道德修养提供了强大的动力与支持。通过精神修炼，修炼者能够培养出坚定的信念、强烈的责任感与使命感，从而更加自觉地践行道德准则、维护社会正义。同时，道德修养也为精神修炼提供了必要的方向与指引。一个具有高尚道德品质的修炼者,能够更好地抵御外界的诱惑与干扰,保持内心的平静与专注;从而在内功修炼中取得更加显著的成效。

因此,在武术内功修炼中,修炼者应当时刻注重精神修炼与道德修养的相互促进与协调发展。通过不断的自我反省与提升,使自己在内功修为与道德品质上达到一个新的高度。

四、内外兼修,身心合一的境界

(一)内外兼修理念阐述

在武术内功修炼中,"内外兼修"是一种至高无上的修炼理念,它强调的是武者不仅要注重外在技艺的磨炼,更要重视内在精神与身体的和谐统一。这一理念深深植根于中国传统文化的土壤之中,融合了道家、儒家、佛家等多家思想精髓,体现了中国古代哲学对于生命本质的深刻洞察。

内外兼修,意味着在修炼中,武者需同时关注身体的强健与心灵的纯净。身体层面,通过拳法、腿法、身法等外在技艺的练习,提升身体的柔韧性、力量与速度;而心灵层面,则通过呼吸法、意念控制、精神力量等内在修炼手段,培养内心的平静、专注与坚韧。二者相辅相成,共同推动武者向更高层次迈进。

（二）内外兼修的实践路径

要实现内外兼修的境界，武者需遵循一条清晰而系统的实践路径。首先，从基础体能与技艺入手，通过扎实的训练提升身体的基本素质。这包括力量训练、柔韧性训练、协调性训练等多个方面。在此基础上，逐步引入内功修炼的元素，如呼吸法、站桩、打坐等，以调节身体内部的气血运行与能量流动。

同时，武者还需注重心灵的修炼。这包括培养专注力、意志力与自我觉察能力等。通过冥想、意念控制等练习，使心灵逐渐从喧嚣的外部世界中抽离出来，达到内心的平静与纯净。在这一过程中，武者还需不断反思自我、审视内心、去除杂念、净化心灵。

（三）身心合一的深层含义

身心合一，是内外兼修所追求的最终目标。它不仅仅指身体与心灵在形式上的统一，而且指二者在深层次上的融合与共鸣。在身心合一的状态下，武者能够清晰地感知到身体内部的微妙变化与能量流动，同时保持内心的平静与专注。在这种状态下，武者的每一个动作都充满力量与精准度，仿佛身体与心灵已经融为一体、不可分割。

身心合一的深层含义在于它揭示了生命本质的奥秘。它告诉我们，身体与心灵是相互依存、相互影响的两个方面。只有当二者达到和谐统一时，生命才会展现出最真实、最强大的力量。因此，对于武者而言，追求身心合一不仅是一种修炼境界的提升，更是一种对生命本质的深刻领悟与把握。

（四）内外兼修对武术技艺的影响

内外兼修的修炼理念对武术技艺的提升具有深远的影响。首先，它使得武者在技艺的磨炼中更加注重内在的感受与体验。通过呼吸法、意念控制等手段的运用，武者能够更加精准地感知身体内部的变化与能量的流动，从而更加准确地掌握每一个动作的技巧与要领。

其次，内外兼修还提高了武者的实战能力。在实战中，武者不仅需要具备出色的身体素质与技艺水平，更需要具备强大的心理素质与应变能力。通过内外兼修的修炼，武者能够培养出坚定的信念、强烈的求胜欲望以及冷静的头脑，从而在面对强敌时保持稳定发挥与出色的表现。

（五）内外兼修对武者精神境界的提升

最终，内外兼修的修炼理念还将对武者的精神境界产生深远的影响。通过长期的修炼与体悟，武者将逐渐摆脱世俗的束缚与纷扰，达到一种超然物外、心无挂念的境界。在这种境界下，武者将不再为名利所累、为情感所困，而是能够以一种更加宽广、更加包容的心态来看待周围的世界与人生。

同时，内外兼修还将使武者具备更加深厚的文化底蕴与人文精神。在修炼时，武者将不断接触中国传统文化中的哲学思想、道德观念与审美追求等方面的内容。这些内容的熏陶与影响将使武者在精神层面得到进一步的提升与升华。最终，武者将成为既有高超技艺又有深厚文化底蕴的武术大师，为传承与发展中华武术文化贡献自己的力量。

第四章 武术美学赏析

第一节 武术动作的美感与韵律

一、武术动作的基本美学特征

（一）武术动作的形态美

武术动作的形态美，是其美学特征的体现。武术动作设计精妙，一招一式都蕴含着对美的追求与表达。从静态的架势到动态的流转，武术动作展现出一种力与美的和谐统一。这种形态美不仅体现在动作的舒展大方、刚柔相济上，更在于其精准到位、恰到好处的力量控制。武术练习者通过长期的训练，能够使得身体各部位协调配合，动作流畅自然，如同行云流水一般，给人以视觉上的享受。同时，武术动作还注重身体线条的展现，通过身体的扭转、折叠、伸展等动作，勾勒出优美的身体轮廓，展现出人体的力量与柔美。

（二）武术动作的韵律美

武术动作的韵律美，是其美学特征的又一重要方面。韵律是武术动作内在生命力的体现，它使得武术动作不仅仅是简单的身体运动，而且成了一种富有节奏感和音乐性的艺术表现。在武术中，动作的快慢、强弱、高低、起伏等变化都遵循一定的韵律规律，形成了独特的节奏感和美感。这种韵律美不仅体现在单个动作的连贯性和流畅性上，更存在于多个动作之间的衔接与转换中。武术练习者通过精准的时机把握和力量控制，使得动作之间的转换自然流畅、无懈可击，仿佛一首优美的乐曲回荡在空中。这种韵律美不仅让观者感受到了武术的动感和力量，而且引发了他们内心和情感上的共鸣。

（三）武术动作的力量美

武术动作的力量美，是其美学特征的独特之处。武术作为一种以技击为主要内容的体育项目，其动作设计必然包含着对力量的追求和展现。然而，武术中的力量美并非单纯的蛮力或暴力，而是一种经过控制和转化的力量。在武术动作中，力量被巧妙地运用在身体的各个部位和动作的不同阶段，形成了独特的力量表现方式。例如，在太极拳中，练习者遵循"以柔克刚"的原则，将力量转化为一种内在的、柔和的力量流，使得动作看起来轻松自如却又不失威力。而在少林拳等刚猛拳种中，则更注重力量的直接表达和爆发力的展现，通过快速出拳、踢腿等动作来展现武术的震撼力和冲击力。这种力量美不仅让观者感受到武术的威猛和力量感，还能够激发他们内心的勇气和斗志。

综上所述，武术动作的基本美学特征包括形态美、韵律美和力量美三个方面。这些美学特征相互交织、相互融合，共同构成了武术动作独特的艺术魅力。在武术学习和欣赏中，我们应该注重对这些美学特征的体会和领悟，从而更好地感受武术的美感和韵律感。同时，我们也应该将这些美学特征融入武术的教学和训练中，通过科学的训练方法和手段来提高学生的审美感知力和艺术表现力，为武术的传承和发展贡献自己的力量。

二、力量与柔美的和谐统一

（一）力量与柔美在武术动作中的表现形式

在武术的世界里，力量与柔美并非相互排斥的对立面，而是相辅相成、和谐共生的两大要素。力量是武术动作中不可或缺的核心元素，它赋予武术动作以震撼人心的力量感和冲击力。而柔美，则如同春风化雨，为武术动作增添了一抹温柔与细腻，使得力量在展现的同时不失优雅与和谐。在武术动作中，力量往往通过快速的出拳、有力的踢腿、沉稳的下盘等表现形式体现，而柔美则通过身体的柔韧、动作的流畅、呼吸的顺畅等展现。

这种力量与柔美的和谐统一，使得武术动作既具有强大的攻击力，又不失为一种视觉上的享受。

（二）力量与柔美和谐统一对武术美感的影响

力量与柔美的和谐统一，是武术美感的重要来源之一。当力量与柔美在武术动作中达到完美的平衡时，整个动作就会呈现出一种独特的韵律感和美感。这种美感不仅体现在动作的外在形态上，更体现在动作所传达的内在情感和意境上。通过力量与柔美的和谐统一，武术动作能够展现出一种刚柔并济、动静相宜的美感，让观者在欣赏的同时感受到武术的深邃与博大。此外，这种和谐统一还能够激发练习者的内在潜能和创造力，使他们在不断追求技术提高的同时，也能够更加深入地理解和领悟武术的精髓和内涵。

（三）力量与柔美和谐统一的训练方法

要实现力量与柔美的和谐统一，需要采用科学的训练方法。一方面，要注重力量训练，通过重量训练、爆发力训练等手段来提升身体的力量素质。另一方面，也要注重柔韧性和协调性的训练，通过拉伸、柔韧性练习以及协调性训练来提高身体的柔韧性和动作的流畅性。此外，在训练过程中还需要注重呼吸的配合和精神的集中，通过深呼吸和意念引导，来增强动作的内在力量感和韵律感。通过长期的坚持和训练，练习者可以逐渐掌握力量与柔美的和谐统一技巧，并在武术动作中自如地展现出来。

（四）力量与柔美和谐统一在武术文化传承中的意义

力量与柔美和谐统一作为武术动作的重要特征之一，在武术文化传承中具有重要意义。它不仅是武术技术提高的关键所在，更是武术文化精神的重要体现。通过传承和弘扬力量与柔美的和谐统一精神，可以引导更多的人关注武术、了解武术、热爱武术并为武术的普及和发展贡献自己的力量。同时，这种和谐统一的精神也可以激励人们在日常生活中追求身心的和谐与健康，以更加积极向上的态度面对生活中的挑战和困难。因此，我们应该高度重视力量与柔美和谐统一在武术文化传承中的意义和价值，并积极推动其传承和发展。

三、对动作节奏的把控与韵律感

（一）动作节奏的定义及其在武术中的重要性

动作节奏，是指武术动作在时间上的组织方式和变化规律，它决定了动作的流畅性、协调性和美感。在武术中，每一个动作都伴随着特定的节奏，这种节奏不仅体现在动作的快慢、强弱、高低等外在表现上，更蕴含在动作的内在力量、呼吸配合以及精神意念之中。动作节奏的把控是武术练习者需要掌握的基本技能之一，它对于提升武术动作的韵律感、增强动作的观赏性和实用性具有重要意义。

（二）动作节奏与韵律感的相互关系

动作节奏与韵律感在武术动作中紧密相连、相互促进。韵律感是动作节奏在视觉和听觉上的综合体现，它使武术动作不仅具有力量感和美感，还呈现出一种独特的音乐性和节奏感。而对动作节奏的精准把控则是实现韵律感的关键所在。通过合理的节奏安排和变化，可以使武术动作更加流畅自然、富有变化，从而增强观众的观赏体验。同时，韵律感的提升也会反过来促进动作节奏的进一步优化和完善，形成良性循环。

（三）动作节奏把控的技巧与方法

要实现动作节奏的精准把控，需要掌握一定的技巧和方法。首先，要注重呼吸的配合。呼吸是动作节奏的重要组成部分，通过深呼吸和慢吐气的方式，可以调整身体的节奏和状态，使动作更加协调有力。其次，要注重身体的放松和协调。在练习过程中要保持身体各部位的放松和协调配合，避免因僵硬和紧张导致动作节奏紊乱。此外，还可以通过听音乐、打节拍等方式来训练自己的节奏感，提高动作节奏的准确性和稳定性。最后，要注重对动作细节的把握和调整。在练习过程中要仔细观察自己的动作表现，及时发现并纠正节奏上的问题，通过不断的调整和完善来提高动作节奏的把控能力。

（四）动作节奏与韵律感在武术表演与竞技中的应用

动作节奏与韵律感在武术表演与竞技中，发挥着至关重要的作用。在武术表演中，通过精准的节奏把控和优美的韵律表现可以吸引观众的注意力、提高表演的艺术效果；同时也可以通过节奏的变化和韵律的转换，来展现武术的多样性和丰富性。在武术竞技中，对动作节奏的把控和韵律感的展现则直接关系到运动员的得分和胜负。通过合理的节奏安排和韵律表现，可以充分发挥运动员的技术水平和身体素质优势；同时，也可以通过节奏的变化来干扰对手的节奏和心态，从而取得比赛的胜利。因此，在武术表演与竞技中注重动作节奏与韵律感的训练和应用，是每位武术爱好者要重视的问题。

四、动作设计的创新与美学追求

（一）动作设计的创新性与武术艺术的发展

在武术艺术的长河中，动作设计的创新性是推动其不断前行的核心动力。随着时代的变迁和审美观念的变化，传统的武术动作已难以满足现代观众对于新颖、独特、富有表现力的艺术追求。因此，动作设计的创新成了武术艺术发展的重要方向。通过引入新的元素、融合不同的武术流派，甚至跨界融合其他艺术形式，使武术动作设计得以不断突破传统框架，创造出更加丰富多彩、引人入胜的武术表演形式。这种创新不仅丰富了武术艺术的内涵和外延，也为其在全球范围内的传播和普及奠定了坚实的基础。

（二）美学追求在动作设计中的体现

美学追求是动作设计创新的重要驱动力之一。在武术动作设计中，美学追求体现在对动作形态、节奏、力量、柔美以及整体意境的精心雕琢上。设计师致力于通过巧妙的构思和精湛的技艺，将武术动作的美感发挥到极致。他们注重动作的流畅性、协调性和韵律感，追求力量与柔美的和谐统一；同时，也注重动作所传达的情感、意境和文化内涵，力求通过动作设计展现武术艺术的独特魅力和深厚底蕴。这种美学追求，不仅提升了武术动作的观赏性和艺术性，也加深了观众对于武术文化的理解和认同。

（三）动作设计创新中的文化传承与创新融合

在动作设计创新过程中，文化传承与创新融合是不可或缺的两个方面。一方面，武术作为中国传统文化的重要组成部分，其动作设计应根植于深厚的文化底蕴之中，传承和弘扬中华民族的优秀传统文化。这要求设计师在创新过程中尊重传统、学习传统、理解传统，从传统文化中汲取灵感和营养。另一方面，随着全球化的深入发展，不同文化之间的交流和融合日益频繁。这为武术动作设计的创新提供了更广阔的视野和更丰富的资源。设计师可以借鉴其他艺术形式的优点和特色，将其融入武术动作设计中，创造出具有时代感和国际视野的武术表演形式。这种文化传承与创新融合的过程不仅促进了武术艺术的繁荣发展，也推动了中华文化的国际传播和交流。

（四）动作设计创新对武术教学与训练的影响

动作设计的创新不仅影响着武术表演和竞技领域的发展，也对武术教学与训练产生了深远的影响。在武术教学中，创新性的动作设计能够激发学生的学习兴趣和积极性，提高他们的学习效率和成果。通过引入新颖、有趣、富有挑战性的动作内容，教师可以引导学生更加深入地了解武术的精髓和内涵；同时，也可以通过动作设计的创新，来培养学生的创新思维和实践能力。在武术训练中，创新性的动作设计，则能够提升训练的科学性和针对性。通过合理的动作编排和节奏安排，训练者可以更加有效地锻炼运动员的身体素质和技术水平；同时，也可以通过动作设计的创新来模拟比赛场景和对手特点，提高运动员的应变能力和心理素质。

（五）未来展望：动作设计创新的方向与趋势

展望未来，随着科技的不断进步和人们审美观念的不断变化，武术动作设计的创新将呈现出更加多元化、智能化和个性化的趋势。一方面，随着虚拟现实、增强现实等技术的广泛应用，武术动作设计将更加注重与科技的结合和创新。通过利用先进技术，来模拟和呈现更加逼真、震撼的武术场景和动作效果，将极大地提升观众的观赏体验和武术艺术的传播效果。另一方面，随着人们个性化需求的不断增加和审美观念的不断变化，武术动作设计，也将更加注重个性化和差异化的发展。通过深入挖掘不同人群、不同地域、不同文化背景下的审美需求和特点，设计出更加符合个性需求的武术动作和表演形式，将更好地满足人们的审美需求和文化追求。

第二节 武术表演的艺术性

一、武术表演的形式与分类

（一）武术表演形式的多样性探索

武术表演，作为武术艺术的重要展现形式，其多样性不仅体现在动作设计的丰富性上，更在于表演形式的不断创新与拓展。从传统的套路表演到现代的舞台艺术，从单人的技巧展示到团体的协同作战，武术表演的形式在不断演变，以适应不同场合、不同观众的需求。武术表演中，我们看到拳术、剑术、刀术、枪术等多种武术门类的精彩呈现，每种形式都有其独特的魅力和风格。同时，随着科技的进步和舞台艺术的发展，武术表演还融入了灯光、音效、布景等现代舞台元素,使得表演更加生动、震撼,具有更强的艺术感染力。

(二)武术表演的分类及其特点

武术表演可以按照不同的标准分类,每种分类方法都揭示了独特的艺术特点和表现形式。按参与人数划分,可分为单人表演、双人表演和团体表演。单人表演强调表现个人技艺的精湛;双人表演则注重两人之间的默契配合和动作的协调一致;团体表演则通过多人的协同作战,展现出武术的集体力量和团队精神。按表演内容划分,可分为套路表演、对练表演和实战模拟表演。套路表演以固定的动作组合和顺序进行展示,注重动作的规范和美感;对练表演则通过两人或多人之间的攻防转换和技巧较量,展现武术的实战性和竞技性;实战模拟表演则更加接近真实的战斗场景,通过模拟实战环境来检验和提升武术技能。

(三)武术表演的艺术性与文化内涵

武术表演不仅仅是一种体育竞技或技艺展示,更是一种具有深厚文化内涵的艺术形式。在武术表演中,每一个动作、每一个姿态都蕴含着丰富的文化意蕴和哲学思想。通过武术表演,人们可以感受到中华民族的传统美德和民族精神如坚韧不拔、自强不息、尊师重道等。同时,武术表演还融合了音乐、舞蹈、戏剧等多种艺术元素,形成了独特的艺术风格和审美特征。这种艺术性与文化内涵的结合，使得武术表演成了一种跨越国界、超越语言的文化交流方式，为不同国家和地区的人们提供了相互了解和尊重的桥梁。

（四）武术表演在现代社会中的价值与意义

随着社会的不断发展和进步，武术表演在现代社会中的价值与意义日益凸显。首先，武术表演作为一种独特的文化现象和艺术形式，对于传承和弘扬中华优秀传统文化具有重要意义。通过武术表演，人们可以更加直观地了解和感受中华优秀文化的博大精深和独特魅力。其次，武术表演还具有健身强体、陶冶情操、培养意志品质等多重功能。参与武术表演，不仅可以提升人们的身体素质和协调能力，还可以培养人们的自信心和团队精神。此外，武术表演还具有一定的观赏性和娱乐性，满足了人民日益增长的精神文化需求。因此，在现代社会中，推广和普及武术表演对于促进全民健身、丰富群众文化生活、提高国家文化软实力等都具有重要意义。

二、表演中的情感表达与意境营造

（一）情感表达在武术表演中的核心地位

武术表演，作为一种集力量、技巧与美学于一体的艺术形式，其精髓不仅在于外在动作的精准与流畅，更在于内在情感的深刻表达。情感，是连接表演者与观众之间情感交流的无形的桥梁，它赋予武术动作以生命力和感染力，使观众在观赏过程中产生共鸣与震撼。在武术表演中，表演者通过面部表情、身体语言乃至眼神交流，将内心的喜怒哀乐、爱恨情仇等复杂情感细腻地传达出来，使观众能够深切地感受武术背后的故事与情感世界。这种情感表达，不仅增强了武术表演的艺术魅力，也提升了其文化内涵和审美价值。

（二）意境营造：武术表演中的视觉与心灵盛宴

意境，是中国传统艺术追求的最高境界之一，它超越了具体形象的束缚，追求一种言有尽而意无穷的审美效果。在武术表演中，意境的营造同样占据着举足轻重的地位。通过精心设计的动作编排、恰到好处的音乐配合以及富有想象力的舞台布景，表演者能够引导观众进入一个充满诗意与哲理的想象空间。在这个空间里，观众仿佛置身于山水之间，感受着自然界的和谐与美好；又仿佛穿越时空，与古人对话，领悟着武术所蕴含的哲学思想与人生智慧。这种意境的营造，不仅让武术表演成了一场视觉与心灵的盛宴，也让观众在享受美的同时，得到了心灵的净化和升华。

（三）情感表达与意境营造的相互融合与促进

在武术表演中，情感表达与意境营造并非孤立存在的两个方面，而是相互融合、相互促进的有机整体。一方面，情感表达是意境营造的基础和前提。没有真挚而深刻的情感投入,就无法营造出令人动容的意境氛围。另一方面,意境的营造又为情感表达提供了更加广阔的舞台和更加丰富的表现形式。通过意境的营造,表演者能够更加自如地抒发内心的情感,使观众在感受美的同时,更加深刻地理解和共鸣于表演者的情感世界。因此,在武术表演中,表演者需要注重情感表达与意境营造的有机结合,通过精湛的技艺和深厚的艺术修养,将二者完美地融合在一起,呈现出更加完整、更加动人的艺术效果。

三、武术与舞蹈、戏剧等艺术的融合

(一)武术与舞蹈:动与静的和谐共舞

武术与舞蹈,作为两种截然不同的艺术形式,却在某些层面展现出惊人的契合度与互补性。武术以其刚劲有力、节奏明快的特点著称,强调身体的内在力量与外在表现的统一;而舞蹈则以其柔美流畅、情感丰富的特质闻名,注重身体的柔韧性与情感的细腻表达。当武术与舞蹈相融合时,二者在动作设计、节奏掌控以及情感传达上实现了巧妙的结合,形成了一种动与静、刚与柔和谐共舞的艺术新风貌。这种融合,不仅丰富了武术表演的艺术表现力,也为舞蹈艺术注入了新的活力与元素,使得两种艺术形式在相互借鉴与融合中共同提升。

（二）武术与戏剧：冲突与和解的舞台叙事

武术与戏剧，在叙事手法与情感表达上也存在天然的联系。武术以其独特的身体语言讲述着力量与技巧的较量，而戏剧则通过人物塑造、情节发展以及矛盾冲突来展现人性的复杂与社会百态。当将武术融入戏剧之中时，它成为推动剧情发展、展现人物性格及营造紧张氛围的重要手段。武术动作的激烈对抗与戏剧情节的跌宕起伏相互交织，共同构建了一个充满冲突与和解的舞台叙事空间。这种融合不仅增强了戏剧的观赏性和感染力，也使得武术在更广阔的舞台上得到了展现与传承。

（三）艺术融合中的创新与挑战

武术与舞蹈、戏剧等艺术的融合，并非简单的相加或拼凑，而是需要创作者在深入理解各种艺术特征的基础上，进行创造性的重构与整合。这一过程中充满了挑战与机遇。一方面，创作者需要打破传统观念的束缚，勇于尝试新的表现手法和创作思路。另一方面，他们还需要充分考虑观众的审美需求与接受程度，确保艺术融合成果，既具有创新性又不失观赏性和可接受性。因此，艺术融合不仅是对创作者艺术修养和创造力的考验，也是对传统艺术形式边界的拓展与超越。

（四）融合艺术对武术表演艺术性的提升

武术与舞蹈、戏剧等艺术的融合，对武术表演的艺术性产生了深远影响。首先，这种融合丰富了武术表演的表现手法和审美元素，使得武术表演在动作设计、节奏掌控、情感传达以及舞台效果等方面都呈现出更加多元化和立体化的特点。其次，艺术融合促进了武术与其他艺术形式的交流与借鉴，为武术表演注入了新的灵感与活力，推动了武术表演艺术的不断创新与发展。最后，融合艺术还提升了武术表演的文化内涵和审美价值，使得武术表演在传承和弘扬中华优秀传统文化的同时，也向世界综合展示了中国文化的独特魅力和艺术风采。

四、提升武术表演艺术性的策略

（一）深化技艺修炼，强化表演基本功

提升武术表演的艺术性，首要之务在于深化技艺修炼，强化表演者的基本功。武术表演作为一种高度技巧化的艺术形式，其精湛的动作、流畅的衔接以及强烈的视觉冲击力，都离不开扎实的基本功支撑。因此，表演者应持之以恒地进行体能训练、柔韧度提升、动作规范等基本功训练，确保每一个动作都能达到准确、到位、有力。同时，还应加强对武术理论的学习，理解武术动作背后的文化内涵和哲学思想，以便在表演时更好地传达武术的精神与意境。通过不断深化技艺修炼，使表演者能够在舞台上展现出更加专业、自信、富有感染力的风貌。

（二）注重情感投入，增强表演感染力

　　武术表演不仅仅是技艺的展示，更是情感的传递。要提升武术表演的艺术性，表演者要注重情感投入，通过面部表情、身体语言以及眼神交流等方式，将内心的情感细腻地传达给观众。在表演时，表演者应深入理解角色性格、情感变化以及剧情发展，将自己完全融入角色之中，做到人戏合一。只有这样，才能让观众在观赏的过程中，感受武术表演所蕴含的情感力量，产生共鸣与震撼。因此，表演者应加强情感表达的训练，学会如何在表演中恰当地运用情感元素，增强表演的感染力和吸引力。

（三）创新编排设计，丰富表演内容

　　创新是艺术发展的不竭动力。要提升武术表演的艺术性，就要在编排设计上进行大胆创新，丰富表演内容。在编排时，创作者可以借鉴舞蹈、戏剧等其他艺术形式的表现手法和创作思路，将武术动作与音乐、灯光、布景等舞台元素有机结合起来，创造出独具特色的表演形式。同时，还应注重对故事情节的构建和人物形象的塑造，通过生动的剧情和鲜明的人物性格来增强表演的吸引力和观赏性。在创新编排设计时，创作者应充分考虑观众的审美需求和接受程度，确保创新成果既具有艺术价值又易于被观众接受和理解。

（四）加强文化交流，拓宽艺术视野

武术作为中华民族的传统体育项目和文化瑰宝，其表演艺术性的提升离不开与其他文化的交流与融合。因此，表演者和创作者应积极参与国内外文化交流活动，了解不同国家和地区的文化艺术特色和发展趋势，拓宽自己的艺术视野和创作思路。通过与其他文化艺术的交流与碰撞，可以激发出新的创作灵感和表现手法，为武术表演注入新的活力和元素。同时，加强文化交流，还有助于提高武术表演的国际影响力和传播力，推动中华武术文化走向世界舞台。

第三节 武术服饰与器械的美学价值

一、传统武术服饰的美学特色

（一）传统武术服饰的形制之美

传统武术服饰，作为武术文化的重要载体，其形制之美在于其独特的剪裁与设计，不仅满足了武术运动的功能性需求，而且蕴含着深厚的审美意蕴。服饰的宽袖长袍、束腰立领以及裤腿处的宽松设计，无不体现了古人对于"天人合一"哲学思想的追求。这种形制设计，既便于习武者活动自如，又能展现一种庄重而不失飘逸的美感。宽袖长袍的设计，使得武者

在运动时，衣袖随风飘扬，增添了几分灵动与仙气；束腰立领则强调了武者的身形线条，展现出力量与美的完美结合。同时，这种形制之美还体现在服饰的对称与平衡上，每一处细节都透露出和谐与统一，给人以视觉上的享受。

（二）传统武术服饰的色彩与图案之美

色彩与图案是传统武术服饰美学特色的重要组成部分。在色彩运用上，传统武术服饰多采用鲜艳而富有对比度的颜色，如红、黄、蓝、绿等，这些色彩不仅醒目耀眼，而且能够激发习武者的斗志与激情。同时，不同色彩的搭配也蕴含着丰富的象征意义，如红色代表热情与勇敢，黄色象征光明与希望等。在图案设计上，传统武术服饰更是匠心独运，常常以龙、凤、虎、豹等神兽以及云、水、山等自然景观为题材，通过刺绣、印花等工艺手法将其呈现在服饰之上。这些图案不仅具有装饰作用，而且寄托了人们对吉祥、美好、力量的向往与追求。

（三）传统武术服饰的材质与工艺之美

传统武术服饰的材质与工艺也是其美学特色的重要体现。在材质选择上，传统武术服饰多采用丝绸、棉麻等天然纤维材料，这些材料不仅柔软舒适、透气性好，而且展现出一种自然质朴的美感。同时，这些材质还具有良好的悬垂性和飘逸感，使得武者在运动时，服饰能够随风舞动，为其增添几分动态美。在工艺制作上,传统武术服饰更是精益求精,无论是剪裁、缝制还是刺绣、印花等环节都力求完美。通过精湛的工艺技术,使每一件武术服饰都成为一件艺术品,充满了匠心与韵味。

(四)传统武术服饰的文化内涵之美

传统武术服饰不仅是一种物质形态的存在,更是一种文化精神的传承。它蕴含着中国古代的哲学思想、伦理道德以及审美情趣等多方面的文化内涵。服饰的形制、色彩、图案以及材质等方面,都深深地打上了文化的烙印。例如,服饰的宽袖长袍设计体现了"天人合一"的哲学思想;服饰的色彩与图案则反映了古人对吉祥、美好、力量的向往与追求;而服饰的材质与工艺则体现了古人对自然美的崇尚与追求。这些文化内涵,使得传统武术服饰成了一种具有深厚文化底蕴的艺术形式,让人们在欣赏其外在美的同时,更能够感受到其内在的文化魅力。

(五)传统武术服饰与武术表演的融合之美

传统武术服饰与武术表演的融合之美,在于它们之间的相互依存与相互促进。服饰作为武术表演的重要组成部分,不仅为表演者提供了必要的保护与装饰作用,更通过其独特的美学特色,为武术表演增添了无限的魅力与光彩。在表演时,服饰的形制、色彩、图案以及材质等方面都与武术动作相得益彰,共同构成了一幅幅生动而富有感染力的画面。同时武术表演也赋予服饰以生命与活力，使得服饰在动态中展现更加丰富多彩的美学特征。这种融合之美，不仅让人们在观赏武术表演时获得了一种视觉上的享受与满足，而且让人们在感受武术文化的同时领略到了中国传统美学的独特魅力。

二、现代武术服饰的创新与发展

（一）现代武术服饰的设计理念革新

随着时代的进步与审美观念的变迁，现代武术服饰在设计理念上体现了显著革新。传统武术服饰虽蕴含深厚的文化底蕴与美学特色，但在现代社会的多元化需求下，其单一的设计风格已难以满足大众的审美期待。因此，现代武术服饰在设计上更加注重创新性与时代感，将传统元素与现代设计理念巧妙融合。一方面，保留并优化传统武术服饰中的经典元素，如流畅的线条、对称的布局以及富有象征意义的图案等，以传承和弘扬传统文化。另一方面，融入现代设计思潮如简约风格、科技面料以及环保理念等，使武术服饰更加符合现代人的审美与功能需求。这种设计理念上的革新，不仅赋予了现代武术服饰新的生命力，也为其在国际舞台上的传播与交流提供了更加广阔的空间。

（二）材质与技术的创新应用

在现代武术服饰的创新与发展中，材质与技术的创新应用是不可忽视的重要方面。随着科技的进步，新型面料与制作工艺不断涌现，为现代武术服饰创新提供了更多可能。一方面，高科技面料的运用，如透气快干、防紫外线、抗菌防臭等功能性面料，不仅提升了武术服饰的穿着舒适度与实用性，还满足了运动员在不同环境下的特殊需求。另一方面，先进的制作工艺与裁剪技术，使得现代武术服饰在保持传统美学特色的同时，更加注重细节处理与版型优化，确保每一件服饰都能完美贴合人体曲线，展现出最佳的运动效果与视觉效果。此外，数字化设计、3D 打印等现代技术的应用，也为武术服饰的设计与生产带来了前所未有的便利与效率。

（三）多元化风格与个性化定制的兴起

在现代社会，个性化与多元化已成为不可逆转的趋势，这一趋势也深刻影响着现代武术服饰的创新与发展。不同于传统武术服饰的单一风格，现代武术服饰在设计上更加注重多元化与个性化表达。设计师通过丰富的色彩搭配、独特的图案设计以及灵活的款式变化，为不同年龄段、不同性别、不同风格的武术爱好者提供了多样化的选择。同时，随着消费者个性化需求的日益增长，个性化定制服务也逐渐兴起。消费者可以根据自己的喜好、身形特点以及运动需求，定制专属的武术服饰，实现真正的"一人一版"。

这种多元化风格与个性化定制的兴起，不仅满足了消费者对于个性化表达的追求，也促进了现代武术服饰市场的繁荣与发展。

三、武术器械的造型与材质美学

（一）武术器械的造型美学

武术器械作为武术技艺的重要载体，其造型美学是武术文化的重要组成部分。每一件武术器械，都蕴含着设计师的匠心独运与审美追求，通过形态、线条、比例等元素的巧妙组合，展现出独特的艺术魅力。在造型设计上，武术器械注重实用与美观的统一，既要满足武术技击的需求，又要具有视觉上的美感。例如，剑的造型修长而挺拔，剑身与剑柄的比例恰到好处，线条流畅而富有力量感，展现出一种凌厉与优雅并存的美感；刀的造型则更加粗犷豪放，刀身宽厚而锋利，刀柄结实耐用，整体给人一种稳重而有力的感觉。此外，不同流派的武术器械，在造型上也有所差异，如少林棍的粗犷、太极剑的柔美等，这些差异不仅体现了各流派武术的独特风格，也丰富了武术器械的造型美学。

（二）材质选择与工艺美学的融合

武术器械的材质选择与工艺美学紧密相连，共同构成了武术器械的独特质感与美感。在材质选择上，传统武术器械多采用金属、木材等天然材料，这些材料不仅具有优良的物理性能，如硬度高、韧性好等，还蕴含着自然之美与人文情怀。金属器械如刀剑等，经过锻造、淬火等复杂工艺处理后，表面呈现出金属所特有的光泽与质感，显得冷峻而高贵；木质器械如棍棒等，则保留了木材的天然纹理与色泽，显得质朴而亲切。同时，现代科技的发展也为武术器械的材质创新选择提供了更多可能，如碳纤维、合金等新型材料的运用，使得武术器械在保持传统美感的同时，更加轻便耐用。在工艺美学方面，传统武术器械的制作工艺精湛细腻，如雕刻、镶嵌、鎏金等装饰手法的运用，使得器械表面呈现出丰富多彩的图案与纹饰，增强了其艺术感染力。

（三）武术器械与武术表演的互动美学

武术器械与武术表演的互动美学是武术艺术魅力的重要体现。在武术表演中，武术器械不仅是技击的工具，更是表达情感、营造氛围的重要元素。表演者通过手中的器械，将武术的力与美、刚与柔、动与静等对立统一的元素完美融合，展现出一种独特的韵律与节奏。同时，武术器械的造型、材质与工艺等美学特征也在表演时得到了充分的展现与发挥。例如，在表演剑术时，表演者通过手腕的灵活转动与剑身的轻盈舞动，将剑的柔美与凌厉展现得淋漓尽致；在表演刀术时，则通过刀法的刚猛有力与刀身的厚重感，营造出一种震撼人心的气势。这种武术器械与武术表演的互动美学，让观众在欣赏武术技艺的同时，也感受到了武术文化的深厚底蕴与独特魅力。

四、服饰与器械在武术表演中的美学作用

（一）服饰与器械的视觉冲击力

在武术表演中，服饰与器械作为最直观的视觉元素，其美学作用首先体现在对观众视觉的冲击力上。传统武术服饰以其独特的色彩搭配、图案设计以及材质质感，与武术器械的精美造型、锋利质感相互映衬，共同构成了一幅幅动人心魄的画面。当表演者身着华丽的服饰，手持锋利的器械，在舞台上腾挪跳跃、挥洒自如时，那种强烈的视觉冲击力瞬间便能抓住观众的眼球，让人无法移开视线。这种视觉上的震撼，不仅提升了武术表演的观赏性，也加深了观众对武术文化的认知与理解。

（二）服饰与器械的情感传达

除了视觉冲击力外，服饰与器械在武术表演中还承担着情感传达的重要任务。服饰的色彩、图案以及款式能够反映表演者的角色身份、性格特征以及情感状态，而器械则通过其形态、材质以及使用方法等，展现武术的力与美、刚与柔、动与静等对立统一的元素。在表演时，表演者通过服饰与器械的巧妙运用，将内心的情感细腻地传达给观众，使观众在欣赏武

术技艺的同时，也能感受到表演者所传达的情感与意境。这种情感传达，不仅增强了武术表演的感染力，也拉近了表演者与观众之间的距离。

（三）服饰与器械的文化象征意义

服饰与器械在武术表演中还具有丰富的文化象征意义。传统武术服饰与器械蕴含着深厚的文化底蕴与民族精神，它们不仅是武术技艺的载体，更是文化传承的媒介。服饰的款式、色彩、图案等往往与特定的历史时期、地域文化以及宗教信仰等紧密相连，而器械则往往与武术流派、技击特点以及武术哲学等相互关联。在武术表演中，服饰与器械的展示，不仅是对武术技艺的呈现，更是对武术文化的传承与弘扬。观众在欣赏表演的同时，也能感受到其中所蕴含的文化内涵与精神价值，从而增强对武术文化的认同感与归属感。

（四）服饰与器械对表演氛围的营造

另外，服饰与器械在武术表演中还发挥着营造表演氛围的重要作用。通过精心设计的服饰与器械，表演者能够营造出一种独特的表演氛围，使观众仿佛置身于特定的历史场景或文化环境之中。例如，在展现古代战场风貌的武术表演中，表演者身着铠甲、手持长枪短剑，通过服饰与器械的衬托营造出一种紧张激烈、英勇无畏的战斗氛围；而在展现传统民俗风情的武术表演中，则可以通过服饰的鲜艳色彩、图案的丰富多样以及器械的独特造型等，营造出一种喜庆祥和、热闹非凡的节日氛围。这种表演氛围的营造，不仅提高了武术表演的艺术效果，也增强了观众的沉浸感与参与感。

第四节　武术场景与氛围的营造

一、武术表演场地的选择与布置

（一）场地选择：契合武术精神与表演需求

在武术表演中，场地的选择是营造整体氛围与展现武术精髓的首要环节。一个理想的武术表演场地，应能够充分契合武术的精神内涵和满足表演的实际需求。首先，场地须具备足够的空间，以容纳表演者进行各种高难度的动作与技巧展示，确保表演的流畅性与观赏性。同时，场地的地形与布局也应考虑武术表演的特点，如设有舞台、观众席以及必要的缓冲区等，以保证表演的安全与秩序。此外，场地的选择与武术流派、表演主题及文化背景等因素密切相关，需根据具体情况进行灵活调整，以营造出与表演内容相协调的氛围。

（二）场地布置：强化主题与情感共鸣

场地布置是武术表演场景营造的关键环节。通过巧妙的布置，可以强化表演主题，引导观众情感共鸣，使表演更加生动感人。在布置时，应注重对色彩、光影、道具等元素的运用，以营造出与表演内容相契合的视觉效果。例如，在展现古代战场风貌的表演中，可运用暗色调的灯光与厚重的布景，营造出一种紧张激烈、硝烟弥漫的氛围；而在展现传统民俗风情的表演中，则可运用鲜艳的色彩与丰富的装饰元素，营造出一种喜庆祥和、热闹非凡的节日氛围。此外，还可以通过布置特定的符号、图案或标语等，来强化表演的主题思想与文化内涵，使观众在欣赏表演的同时，也能感受到其中所蕴含的精神力量。

（三）音效与光影的巧妙运用

音效与光影是武术表演场景营造中不可或缺的元素。通过巧妙的音效与光影设计，可以进一步增强表演的艺术效果与感染力。音效方面，可以根据表演内容的不同，选用适当的背景音乐、环境音效以及特效音效等，以营造与表演氛围相协调的听觉效果。例如，在展现武术技击的激烈场面时，可以运用激昂的鼓点与金属碰撞声等音效，来增强观众的紧张感与代入感；而在展现武术的柔美与和谐时，则可以运用悠扬的琴音与轻柔的风声等音效，来营造一种宁静致远的意境。光影方面，则可通过灯光的变化与投射，来强化表演的视觉冲击力与层次感。例如，利用聚光灯突出表演者的动作细节与表情变化，利用追光灯营造出动态的舞台效果，以及利用色彩灯光来渲染特定的情感氛围等。

（四）观众席设置与互动体验

观众席的设置与互动体验，是武术表演场景营造中不可忽视的一环。一个舒适、便捷的观众席设置，不仅能为观众提供良好的观赏体验，还能促进观众与表演者之间的互动与交流。在设置观众席时，应考虑到观众的视线、听觉以及舒适度等因素，确保观众既能清晰地看到表演者的动作与表情，同时又能感受到音效与光影的震撼效果。此外，还可通过设置互动环节、提供解说服务以及发放纪念品等方式，来增强观众的参与感与归属感。例如，在表演中设置观众投票环节，让观众参与到表演的评价与选择中来；或者通过解说员的讲解与引导，让观众更加深入地了解武术文化的内涵与魅力。这些措施，不仅能够提升观众的观赏体验，还能进一步弘扬武术文化，促进武术艺术的传承与发展。

二、灯光、音响等多媒体技术的应用

（一）灯光技术的运用：塑造多维视觉体验

在武术场景与氛围的营造中，灯光技术扮演着至关重要的角色。通过精心设计的灯光布局与动态变化，不仅能够照亮舞台，而且能创造出丰富的视觉效果，为观众带来沉浸式的观赏体验。灯光技术的运用，首先体现在对舞台空间的塑造上。利用不同角度、不同亮度的灯光投射，可以强化舞台的层次感与立体感，使表演者的动作更加鲜明突出。同时，通过灯光的色彩变化与闪烁效果，可以营造出不同的情感氛围，如紧张激烈、宁静致远、神秘莫测等，与武术表演的主题内容相呼应。此外，灯光技术还能够与表演者的动作节奏相配合，通过灯光的明暗交替、快慢变化，为观众带来视觉上的冲击与享受。

（二）音响技术的运用：增强听觉沉浸感

音响技术同样是武术场景与氛围营造中不可或缺的一环。高质量的音响设备能够清晰地传递表演者的声音与动作音效，使观众仿佛置身于表演现场。在音响技术的运用上，首先应注重音效的录制与制作。通过采集现场声音、制作特效音效等手段，可丰富表演的听觉层次，增强观众的听觉沉浸感。同时，音响设备的布置与调试也至关重要。合理的音响布局能够确保声音在观众席中的均匀分布，避免回声与杂音的产生。此外，音响师还需根据表演内容的变化，适时调整音量大小与音效类型，以营造出与表演氛围相协调的听觉效果。

（三）多媒体技术的融合：打造沉浸式体验

随着科技的不断发展，多媒体技术逐渐融入武术场景与氛围的营造中。

通过视频、动画、投影等多种技术手段的综合运用，可以打破传统舞台的界限，为观众带来前所未有的沉浸式体验。例如，在武术表演中，可以利用投影技术将背景画面投射到舞台幕布上，营造出逼真的场景效果；或者通过虚拟现实技术，让观众佩戴VR（Virtual Reality）设备，身临其境地参与到表演中来。此外，多媒体技术还可以与灯光、音响等技术相结合，通过综合调控与联动，实现视觉、听觉乃至触觉等多感官的全方位体验。这种沉浸式的体验方式，不仅提升了观众的观赏兴趣与参与度，也进一步推动了武术艺术的创新与发展。

（四）多媒体技术应用中的创新与挑战

在营造武术场景与氛围时，多媒体技术的应用不断推陈出新，为观众带来了更加丰富多彩的视觉盛宴。然而，在创新的同时，也面临着诸多挑战。一方面，多媒体技术的运用需要投入大量的人力、物力与财力，对于小型武术团体或学校来说可能难以承担。另一方面，多媒体技术的复杂性与专业性也对操作人员提出了更高的要求。因此，在推广与应用多媒体技术时，需要充分考虑实际情况与需求，制订合理的方案与计划。同时，还应加强相关人员的培训与学习，提高他们的专业技能与操作水平，以确保多媒体技术在武术场景与氛围营造中的有效运用与持续发展。

三、观众情绪与现场氛围的调控

（一）观众情绪的引导与共鸣

在营造武术场景与氛围时，观众情绪的引导与共鸣是至关重要的一环。观众作为表演活动的直接参与者，其情绪状态会直接影响现场的氛围与效果。为了有效引导观众情绪，首先，需要通过舞台设计、灯光音响等多媒体手段，营造与表演内容相契合的视觉效果与听觉体验，使观众在视觉与听觉上受到强烈的冲击与感染；其次，表演者的精湛技艺与情感投入也是引导观众情绪的关键因素。他们通过生动的表演、精准的动作以及真挚的情感表达，将观众带入特定的情境之中，激发观众的情感共鸣与心理认同。此外，现场主持人的引导与解说也起着不可忽视的作用。他们通过富有感染力的语言与恰当的互动方式，进一步拉近了观众与表演之间的距离，使观众更加积极地参与到表演活动中来。

（二）现场氛围的营造与调控

现场氛围的营造与调控是武术表演成功与否的重要标志之一。一个热烈、积极、和谐的现场氛围，能够极大地提升观众的观赏体验与参与热情。为了营造良好的现场氛围，首先，需要确保表演场地的整洁、有序与安全。这包括场地布置的合理规划、安全措施的严格执行以及观众秩序的有效维护等。其次，还需要通过对灯光、音响等多媒体手段的运用，营造出与表演内容相协调的视觉效果与听觉体验。此外现场氛围的调控，还需要关注观众的情绪变化与反馈。当观众情绪高涨时，可以通过增加互动环节、提高表演强度等方式进一步激发观众的热情；而当观众情绪低落时，则需要通过调整表演节奏、增加幽默元素等方式来调动观众的积极性。通过这些措施的实施，可以确保现场氛围始终保持在一种积极、和谐的状态之中。

（三）互动与参与：增强观众体验

在营造武术场景与氛围时，互动与参与是增强观众体验的重要手段。通过增加互动环节与提高观众的参与度，可以使观众更加深入地了解武术文化、感受武术魅力，并进一步提升他们的观赏兴趣与满意度。为了实现这一目标，可以采取多种形式的互动方式。例如，在表演时设置观众投票环节或问答环节，让观众参与到表演的评价与选择中来；或者邀请观众上台与表演者进行互动表演或体验武术动作等。这些互动方式不仅能够增加观众的参与感与归属感，还能够促进观众与表演者之间的交流与沟通，进一步拉近彼此之间的距离。同时，通过互动与参与的方式，还可以让观众更加直观地感受到武术文化的魅力与内涵，从而激发他们对武术文化的兴趣与热爱。

综上所述，观众情绪与现场氛围的调控在武术场景与氛围的营造中占据着举足轻重的地位。通过有效的引导与共鸣、营造与调控以及互动与参与等手段的实施，可以极大地提升观众的观赏体验与参与热情，为武术表演的成功举办奠定坚实的基础。

四、场景与氛围对武术美学表现的影响

（一）场景设计对武术美学表现的深化

在武术表演中，场景设计不仅是物理空间的布局，更是武术美学表现的重要载体。一个精心设计的场景能够深刻挖掘并展现武术的内在美学价值，使观众在视觉与心灵上得到双重震撼。场景设计通过对色彩、光影、道具等元素的巧妙运用，营造出与武术流派、表演主题相契合的氛围，使武术动作在特定的环境中得到更加生动的展现。例如，在展现太极拳的柔中带刚、连绵不断时，场景设计可以采用淡雅的色彩、柔和的光影、简约的道具，营造出一种宁静致远的意境，使观众能够更加深刻地感受到太极拳的韵味与内涵。同时，场景设计还能够通过空间布局与层次感的营造，使武术动作在舞台上呈现出更加丰富的视觉效果，增强表演的艺术感染力。

（二）氛围营造对武术情感表达的强化

氛围营造是武术场景与氛围营造中的关键环节，它直接影响武术情感表达的深度与广度。和谐、热烈或神秘的氛围，能够激发表演者的情感投

入与观众的情感共鸣，使武术表演不仅仅是动作的展示，而且是情感的交流与传递。氛围营造通过灯光、音响、烟雾等多媒体手段的综合运用，营造出与表演内容相协调的情感氛围。例如，在展现武术技击的激烈场面时，可以通过激昂的音乐、强烈的灯光以及逼真的烟雾效果来营造出紧张刺激的氛围，使观众仿佛置身于战场之中，感受到武术技击的震撼与力量。同时，氛围营造还能够通过细腻的情感铺垫与引导，使观众在欣赏武术表演的过程中产生情感共鸣，进一步加深对武术文化的理解与认同。

（三）场景与氛围对武术意境创造的提升

武术不仅仅是一种身体运动的艺术形式，更是一种追求意境与情境的文化表达。场景与氛围的营造对于武术意境的创造具有至关重要的作用。一个富有意境的场景与氛围能够引导观众进入一种超越现实的审美情境，使他们在欣赏武术表演的过程中获得心灵的净化与升华。场景与氛围通过综合运用各种艺术手段与元素，营造出一种独特的审美空间与情感氛围，使武术动作在这一空间得到更加完美的展现与诠释。例如，在展现武术中的"气韵生动"时，可以通过流畅的线条、和谐的色彩以及悠扬的音乐，营造出一种生动而富有韵律感的氛围，使观众能够感受到武术动作中蕴含的生命力与活力。同时场景与氛围还能通过隐喻、象征等手法，传达武术文化的深层含义与价值观念，使观众在欣赏武术表演的过程中获得更加深刻的感悟。

综上所述，场景与氛围对武术美学表现的影响是多方面的、深层次的。它们不仅深化了武术的美学表现、强化了武术的情感表达，还提升了武术的意境创造。因此，在营造武术场景与氛围时，应充分注重场景设计与氛围营造的艺术性与文化性，以更好地展现武术的美学魅力与文化内涵。

第五节　武术美学思想的传承与发展

一、武术美学思想的历史渊源

（一）武术美学思想的萌芽与形成

武术美学思想的历史渊源可追溯到远古时期，那时的人类为了生存与繁衍，与自然、猛兽及他族之间展开了激烈的争斗与搏杀。在这些原始的生存斗争中，人类逐渐形成了对击、刺、闪、跌、摔、打等动作的无意识使用，这些动作在反复实践中，逐渐演变为有意识的技击动作，并随着人类对生命力的崇拜与敬畏，开始融入审美理念。武术的萌芽时期，虽然尚未形成明确的美学思想，但武术动作中已蕴含着对生命力的崇尚与展示，这种展示正是武术美学思想的最初萌芽。

随着生产力水平的提高和人类认识能力的提高，武术动作在原始祭祀、丰收庆典等活动中，被反复演练和竞相模仿，逐渐形成了固定的程式和规范的审美标准。这些活动不仅体现了人类对自然界的崇拜与敬畏，也寄托了人们对美好生活的向往与追求。在这一过程中，武术美学思想逐渐形成，它不仅仅是对武术动作的审美评价，更是对人类生命力、精神风貌、文化内涵的深刻体现。

（二）武术美学思想的丰富与发展

进入先秦、两汉时期，中国美学思想迎来了发轫期，为武术美学思想的丰富与发展提供了丰厚的土壤。这一时期，儒家、道家等思想流派纷纷兴起，它们的美学观念都对武术美学思想产生了深远影响。儒家思想强调"仁者爱人"，注重人的内在修养与道德品质的培养，这种思想在武术中体现为武德的形成与发展。武德不仅要求习武者具备高超的技艺，还要求他们具备高尚的品德与社会责任感。道家思想则追求"道法自然"，强调人与自然的和谐统一，这种思想在武术中体现为动作的自然流畅与内外合一的追求。

同时，这一时期的武术美学思想还受到了艺术繁荣的推动。随着音乐、舞蹈、绘画等艺术形式的发展，武术动作在编排与表演上也开始借鉴艺术元素，形成了独特的审美风格。例如，武术套路中的节奏变化、动作衔接以及情感表达等方面都受到了艺术的深刻影响。此外，武术美学思想还逐渐融入了中华优秀传统文化的精髓，如阴阳五行学说、八卦理论等，这些都为武术美学思想的丰富与发展提供了重要的理论支撑。

（三）武术美学思想的成熟与升华

经过数千年的发展，武术美学思想逐渐成熟并达到了新的高度。在宋明时期，武术开始从军事训练中独立出来，形成了具有表演特点的武术流派与套路。这些流派与套路在动作设计、编排与表演上更加注重审美效果与情感表达，使武术成了一种集技击、健身、娱乐表演于一体的综合艺术形式。同时，武术美学思想也在这个过程中得到了进一步的升华与拓展。

在这一时期，武术美学思想不仅关注武术动作的外在表现与技巧展示，更重视武术所蕴含的文化内涵与精神追求。武术被赋予更多的象征意义与哲理思考，如"以武会友""止戈为武"等观念都体现了武术美学思想中对和谐、友善与和平的追求。此外，武术美学思想还注重习武者内在修养的提升与身心合一的实现，通过武术练习达到修身养性、陶冶情操的目的。

综上所述，武术美学思想的历史渊源深厚而丰富，它伴随着武术的产生与发展而不断地演变与升华。从远古时期的萌芽与形成，到先秦、两汉时期的丰富与发展，再到宋明时期的成熟与升华，武术美学思想始终贯穿着对生命力的崇尚、对自然与人的和谐统一的追求，以及对文化内涵与精神追求的重视。这些美学思想不仅为武术艺术的发展提供了重要的理论指导与支撑，也为中国传统文化的传承与发展作出了重要贡献。

二、传统美学思想在武术中的体现

（一）形美：武术动作的外在表现与和谐统一

在传统美学思想中，"形美"是艺术表现的重要方面。而在武术中，这一美学理念得到了淋漓尽致的体现。武术的"形美"不仅体现在运动员的筋骨、肌肉和皮肤所展现出的力量与柔美上，更在于动作设计的和谐统一与节奏感。武术动作往往取材于自然，如太极拳的"云手"模仿云朵的轻柔飘逸，长拳的"弓步冲拳"则如箭在弦上，蓄势待发。这些动作通过身体的协调运动，展现出一种与自然规律相契合的和谐美。此外，武术中的"十二型"等动作设计，更是将动物的神态与人的动作巧妙结合，形成了一种独特的仿生美学。

在武术表演中，运动员通过精准的动作控制、流畅的动作衔接以及恰到好处的力量运用，将武术的"形美"展现得淋漓尽致。观众在欣赏武术表演时，不仅能够感受到运动员所展现出的力量与柔美，而且能从中体会到一种与自然和谐共生的审美意境。

（二）神美：武术精神的内在追求与意境创造

"神美"是传统美学中的另一重要范畴，它强调的是艺术表现中所蕴含的精神内涵与意境创造。在武术中，"神美"则主要体现在运动员的精神状态与运动节奏上。武术运动员在演练过程中，需保持高度的专注与内心的平静，通过眼神的传递、呼吸的配合、身体的协调运动，展现出一种超脱世俗、追求自由的精神境界。

同时，武术还注重"以形写神"，即通过外在的动作表现传达内在的精神追求。运动员在演练过程中，需将自身的精气神与武术动作融为一体，使每一个动作都充满生命力与感染力。这种"神形合一"的表演方式，不仅能够提高武术的艺术表现力，而且能引导观众进入一种超越现实的神美意境之中。

（三）气韵生动：武术中的生命力与节奏美

"气韵生动"是传统美学对艺术作品生命力的高度概括，而在武术中，这一美学理念同样得到了充分体现。武术中的"气"不仅指呼吸之气，更是指一种内在的生命力与能量。武术运动员通过内练一口气、外练筋骨皮的方式，将自身的生命力与武术的动作紧密结合在一起，形成了一种独特的生命美学。

在武术表演中，运动员通过呼吸的调节、力量的运用以及身体的协调运动，使武术动作呈现出一种生动而富有韵律感的节奏美。这种节奏美不仅体现在动作的快慢、强弱、刚柔等对比上，更体现在表演过程的流畅与和谐之中。使观众在欣赏武术表演时，能够感受到一种生命力在舞台上跳跃与舞动的愉悦体验。

（四）道德之美：武术中的伦理精神与人格魅力

传统美学思想中，"德美"是艺术表现中不可或缺的重要方面。在武术中，"武德"则是习武者应遵守的基本行为准则与道德规范。武术不仅强调技艺的精湛与身体的强健，更注重习武者品德的修养与人格的完善。

武德教育要求习武者以忠诚、正义、勇敢、公德等高尚品质自律，不以武艺压人，而应以德服人。在武术表演中，运动员所展现出的不仅是技艺的精湛与动作的优美，更是对武德精神的传承与弘扬。使观众在欣赏武术表演时，不仅能够感受到武术艺术的魅力所在，更能从中汲取一种积极向上的道德力量与人格魅力。这种道德之美不仅是武术艺术的重要组成部分，更是中国传统文化精髓的生动体现。

三、现代审美观念对武术美学的影响

（一）多元文化的融合与武术美学的创新

随着全球化进程的加速，现代审美观念呈现出多元化的趋势，各种文化元素相互碰撞、融合，为武术美学的发展注入了新的活力。在这一背景下，武术美学不再局限于传统的表现形式与审美标准，而是积极地吸收其他艺术门类的精华，进行创新性的尝试与探索。例如，在营造武术场景与氛围时，可以借鉴现代舞台美术的设计理念，运用光影、色彩、音响等多媒体手段，创造出更加丰富多彩、引人入胜的视觉效果。这种跨文化的融合不仅丰富了武术美学的表现手段，也使其更加符合现代观众的审美需求。

（二）科技手段的应用与武术美学的数字化呈现

现代科技的发展为武术美学的呈现提供了全新的可能。通过虚拟现实（VR）、增强现实（AR，Augmented Reality）等先进技术，武术场景与氛围的营造可以突破物理空间的限制，实现更加逼真、沉浸式的观演体验。观众可以在虚拟的环境中自由穿梭，与武术表演者进行互动，感受武术动作的力量与美感。此外，数字化技术还可以对武术动作进行精准捕捉与数据分析，为武术美学的深入研究提供科学依据。这种科技手段的应用，不仅拓宽了武术美学的传播渠道，也提高了其艺术表现力和感染力。

（三）个性化审美的崛起与武术美学的多样化表达

现代社会强调个性与自由，这一审美观念也深刻影响着武术美学的发展。在传统武术中，审美标准往往较为统一和固定，而在现代社会中，个性化审美逐渐崛起，人们开始追求更加多元、独特的审美体验。这一趋势促使武术美学在表达方式和审美取向上更加多样化。例如，在营造武术场景与氛围时，可以根据不同的表演主题和风格进行个性化设计，使每一场武术表演都成为一个独一无二的艺术作品。同时，武术运动员也开始注重个人风格的塑造与展现，通过独特的动作编排和表演方式，表达自己的情感和态度。

（四）现代审美理念下的武术美学功能拓展

现代审美观念，不仅改变了武术美学的表现形式和审美标准，还拓展了其社会功能和文化价值。在传统社会中，武术被视为一种技击之术和健身手段，而在现代社会中，武术的美学价值逐渐得到重视和挖掘。通过武术表演和场景营造等艺术手段，人们可以更加直观地感受到武术所蕴含的文化内涵和精神追求。此外，武术美学还可以作为一种文化交流的平台和媒介，促进不同国家和地区之间的文化理解和尊重。在现代社会中，武术美学成了一种具有广泛影响力的文化现象。

（五）武术美学教育的现代转型与普及

随着现代审美观念的不断深入人心，武术美学教育也面临新的转型与普及任务。传统武术教育，往往注重技艺的传授和身体的锻炼，而忽视了对武术美学素养的培养。然而在现代社会中，人们对于武术的审美需求日益提高，这就要求武术教育要加强对武术美学的教学和研究。通过开设专门的武术美学课程、编写相关教材以及举办各种形式的武术美学展览和讲座等活动，可以推动武术美学教育的普及和发展。同时，还可以利用现代媒体和网络平台等传播手段，扩大武术美学的影响力和受众范围，使更多的人了解和欣赏武术的美学魅力。

四、武术美学思想的传承与创新路径

（一）深入挖掘传统美学资源，强化武术美学的文化底蕴

武术美学思想的传承与创新，首要在于对传统美学资源的深入挖掘与整理。武术作为中华优秀传统文化的重要组成部分，其美学思想深深植根于中国传统文化的土壤之中。因此，要传承与创新武术美学，就要全面梳理与深入研究传统文化中的美学思想，如道家的"天人合一"、儒家的"中庸之道"等，这些思想为武术美学提供了丰富的理论支撑和灵感来源。通过挖掘这些传统美学资源，可以强化武术美学的文化底蕴，使其在现代社会中焕发新的生机与活力。

（二）融合现代审美理念，推动武术美学的创新发展

在传承传统美学资源的基础上，还需要积极融合现代审美理念，推动武术美学的创新发展。现代审美观念强调个性、多元与自由，这些理念为武术美学的创新提供了广阔的空间。在营造武术场景与氛围时，可以借鉴

现代艺术表现手法和技术手段,如运用光影、色彩、音乐等元素增强武术表演的视觉冲击力和情感表达力。同时,还可以探索将武术与其他艺术形式相结合的可能性,如舞蹈、戏剧、音乐等,以跨界融合的方式拓展武术美学的表现领域和审美共识。

(三)加强武术美学教育,培养专业人才队伍

传承与创新武术美学,离不开专业人才队伍的支持。因此,需要加强武术美学教育,培养一批具备深厚美学素养和专业技能的武术人才。这包括在武术教育中增加美学课程内容,如武术美学原理、武术表演艺术、武术场景与氛围设计等,让学生在学习武术技艺的同时,也能了解和掌握武术美学的相关知识。此外,还可以通过举办培训班、研讨会等方式,为武术从业者提供学习和交流的平台,促进他们之间的经验分享和合作创新。

(四)注重实践探索,积累武术美学创新经验

传承与创新武术美学,需要落实到具体的实践中。因此,要注重在武术表演、比赛、教学等各个环节实践探索武术美学的创新路径。通过不断的实践尝试和反思总结,可以积累丰富的武术美学创新经验,为武术未来的发展提供有益的借鉴和参考。同时,还要鼓励和支持武术从业者,勇于尝试新的表演形式和表现手法,敢于突破传统束缚,为武术美学的创新发展贡献自己的力量。

（五）推动武术美学国际化传播，增强文化软实力

在全球化背景下，推动武术美学的国际化传播具有重要意义。武术美学作为中国传统文化的重要组成部分，具有独特的魅力和价值。通过加强与国际武术组织的合作与交流，可以推动武术美学在国际上的传播和普及，让更多的人了解和欣赏到武术的美学魅力。同时，还可以借助国际性的武术比赛、展览、演出等活动平台，展示中国武术美学的风采和成果，增强中国文化的软实力和国际影响力。在国际化传播的过程中，要注重跨文化的沟通和理解，尊重不同国家和地区的文化差异和审美习惯，以开放包容的心态推动武术美学的国际交流与融合。

第五章 武术文化教育功能

第一节 武术在青少年教育中的作用

一、培养青少年身心健康与坚韧品质

（一）武术锻炼促进青少年身体健康

武术，作为一种综合性的体育运动，对于青少年身体健康的促进作用不容忽视。在武术训练中，青少年通过一系列的身体活动，如拳法、腿法、身法等动作的练习，不仅能够增强肌肉力量、提高柔韧性和协调性，还能有效改善心肺功能，提升身体素质。这种全身性的锻炼方式，有助于青少年拥有强健的体魄，为日后的学习和生活奠定坚实的健康基础。

具体而言，武术锻炼中的有氧运动部分，如持续的动作练习和呼吸控制，能够增强心肺耐力，提高血液循环效率，促进身体各部位的营养供给和废物排出。同时，武术中的力量训练部分，如拳法的爆发力和腿法的踢击力训练，能够增强肌肉力量，改善体形，使青少年拥有更加健美的体态。

此外，武术还强调身体的协调性和灵活性，通过身法的练习，青少年能够提升身体的敏捷性和反应速度，更好地应对日常生活中的各种挑战。

（二）武术训练塑造青少年坚韧不拔的精神品质

武术不仅是一种体育运动，更是一种精神磨砺和品质塑造。在武术训练中，青少年需要面对各种困难和挑战如技术难度的提高、身体疲劳的积累、心理压力的考验等。这些困难和挑战要求青少年具备坚韧不拔.的精神品质，勇于面对困难，敢于挑战自我、不断超越自我。

通过武术训练，青少年可以逐渐培养出顽强的意志力和坚韧的毅力。在日复一日的训练中，他们学会了坚持和忍耐，明白了只有付出努力才能取得进步的道理。这种精神品质的塑造，对于青少年未来的成长和发展具有深远的影响。它不仅能够帮助青少年在学习上取得更好的成绩，还能够在面对生活中的挫折和困难时保持积极向上的态度，勇于追求自己的梦想和目标。

（三）武术教育培养青少年的自律与责任感

武术教育强调自律和责任感的培养。在武术训练中，青少年需要严格遵守训练纪律和规定，按时参加训练，认真完成训练任务。这种自律性的培养，不仅有助于他们在武术训练中取得更好的成绩，还影响他们日常生活的方方面面。

同时，武术教育还注重培养青少年的责任感。在武术团队中，每个成员都承担着一定的责任和义务。通过参与团队训练和比赛等活动，青少年能够学会如何与他人合作、如何为团队贡献自己的力量。这种责任感的培养，有助于他们形成正确的社会观念和价值观念，为未来的社会生活做好充分准备。

（四）武术文化熏陶提升青少年的人文素养

武术不仅仅是一种身体锻炼方式，更是一种文化传承和弘扬。在武术学习和实践中，青少年能够深入了解武术文化的内涵和精髓，感受中华文化的博大精深和独特魅力。

通过武术文化的熏陶和感染，青少年能够提升自己的人文素养和审美水平。他们不仅能够欣赏到武术动作的优美和力量之美，还能够理解武术背后所蕴含的道德观念和人生哲理。这种人文素养的提升，不仅有助于他们在学习和生活中更加全面和深刻地认识世界、理解人生，还能够为他们的精神世界注入更多的正能量和积极因素。

二、增强青少年民族文化认同感与自豪感

（一）武术作为民族文化的瑰宝，能激发青少年民族认同感

武术，作为中华优秀民族传统文化的重要组成部分，承载着深厚的民

族精神和文化内涵。它不仅仅是一种体育运动形式，更是中华民族历史、哲学、美学等多种文化元素的综合体现。在青少年教育中引入武术，能够让他们亲身感受到民族文化的独特魅力和价值，从而增强他们对民族文化的认同感和归属感。

通过学习武术，青少年可以了解武术的起源、发展、流派以及背后的历史故事和传说。这些内容不仅丰富了他们的知识视野，更让他们对中华民族悠久的历史和灿烂的文化，有了更加深入的认识和理解。在武术实践中，青少年能够体会到中华民族自强不息、坚韧不拔的精神品质，这种精神的传承和弘扬，将进一步加深他们对民族文化的认同感和自豪感。

（二）武术传承中的礼仪与道德，培养青少年的民族自豪感

武术不仅是一种身体的锻炼方式，更是一种道德修养和礼仪教育的体现。在武术的传承过程中，强调"以武会友""武德为先"的理念，注重培养习武者的礼仪规范和道德情操。这种注重礼仪与道德的教育方式，有助于青少年树立正确的价值观念和行为准则，从而增强他们的民族自豪感。

通过学习武术中的礼仪规范，青少年能够了解中华民族尊师重道、谦逊有礼的传统美德。在武术训练中，他们学会了尊重他人、团结协作、勇于担当等优秀品质，这些品质的培养将使他们更加自信、自尊、自强，从而更加热爱和珍视自己的民族文化。

（三）武术在国际交流中的文化展示，提升了青少年民族自信心

随着全球化的深入发展，武术已经成为中国与世界交流的重要桥梁之一。在国际舞台上，武术以其独特的魅力和深厚的文化底蕴赢得了广泛的关注和赞誉。通过参与武术国际交流活动，青少年不仅能够展示自己的武术技艺和风采，还能够向世界展示中华优秀传统文化的独特魅力和价值。

这种国际交流的经历将使青少年更加深刻地认识到自己民族文化的独特性和优越性，从而增强他们的民族自信心和自豪感。同时，通过与不同国家和地区的武术爱好者交流和切磋，青少年还能够学习到其他民族文化的优点和长处，进一步拓宽他们的国际视野和文化胸怀。这种跨境文化的交流与融合将有助于培养青少年的全球意识和开放心态，为他们的未来发展奠定坚实的基础。

三、促进青少年全面发展与综合素质提升

（一）武术训练能促进青少年身体素质与运动能力的全面发展

武术作为一种综合性的体育运动，其独特的训练方法和动作设计，对青少年的身体素质和运动能力的全面发展，具有显著的促进作用。在武术训练中，青少年需要进行力量、速度、耐力、柔韧性等多方面的锻炼，这

些训练不仅能够增强他们的肌肉力量和爆发力,还能提高身体的协调性和灵活性,为他们参与其他体育项目打下坚实基础。

此外,武术训练还注重呼吸控制和意念集中,这种身心合一的训练方式,有助于青少年提升心肺功能和神经系统调节能力,从而提高身体素质。通过长期的武术训练,青少年能够形成健康的体魄和强健的体魄,为日后的学习和生活提供有力的保障。

(二)武术教育有助于培养青少年良好的心理素质与抗压能力

武术教育不仅仅关注青少年的身体锻炼,更重视对其心理素质的培养。在武术训练中,青少年需要面对各种挑战和困难,如技术难度的提高、身体疲劳的积累、比赛压力的考验等。这些经历有助于培养他们坚韧不拔的意志品质、积极向上的心态和强大的抗压能力。

通过武术教育,青少年能够学会如何在压力之下保持冷静和专注,如何在失败之后重新振作并继续努力。这种心理素质的培养,对于青少年未来的成长和发展至关重要,将使他们在面对生活中的各种挑战时更加从容不迫、自信坚定。

(三)武术文化熏陶提升青少年综合素质与人文素养

武术作为中华民族传统文化的瑰宝,其深厚的文化底蕴和丰富的文化内涵,对青少年综合素质与人文素养的提升具有重要影响。在武术的学习和实践中，青少年不仅能够掌握武术技艺和理论知识，还能够深入了解武术文化的历史渊源、哲学思想、美学价值等方面的知识。

这种文化熏陶有助于青少年拓宽知识视野、丰富精神世界、提高审美能力和文化素养。同时，武术文化中所蕴含的尊师重道、谦逊有礼、自强不息等优秀品质也将对青少年的品德修养和人格塑造产生积极影响。通过武术文化的熏陶和感染，青少年将形成更加全面、健康、积极的人格特质和综合素质，为未来的成长和发展奠定坚实的基础。

四、武术教育在青少年教育体系中的定位与发展

（一）武术教育作为青少年教育体系的独特组成部分

在青少年教育体系，武术教育以其独特的魅力和价值，逐渐占据了一席之地。它不仅是体育教育的重要内容之一，更是传统文化传承和民族精神培育的重要途径。武术教育通过身体锻炼、技能传授、文化熏陶等多种方式，全面促进青少年的身心健康发展，培养其坚韧不拔的意志品质、积极向上的生活态度和良好的社会适应能力。

将武术教育纳入青少年教育体系，有助于丰富教育内容和形式，提升教育质量和效果。它打破了传统学科教育的界限，为青少年提供了更加多元化、个性化的学习体验和发展空间。同时，武术教育还强调实践性和体验性，让青少年在亲身参与中，感受中华文化的博大精深和独特魅力，从

而激发他们的学习兴趣和动力。

（二）武术教育在青少年德育中的重要作用

武术教育，不仅关注青少年的身体锻炼和技能提高，更重视其品德修养和道德情操的培养。在武术训练中，青少年需要遵守严格的纪律和规定，尊重师长、团结同学、诚实守信、勇于担当。这些品德要求与青少年德育的目标高度契合，为青少年德育提供了有力的支撑和保障。

通过武术教育，青少年能够学会如何正确处理人际关系、如何面对挫折和困难、如何保持积极向上的心态等。这些品德修养的形成将有助于青少年形成正确的世界观、人生观和价值观，为他们的未来发展奠定坚实的道德基础。

（三）武术教育在青少年体育教育中的创新与发展

随着教育改革的不断深入和体育事业的快速发展，武术教育在青少年体育教育中的创新与发展日益受到关注。传统的武术教学模式，已经难以满足现代青少年的需求，因此需要在教学内容、方法、手段等方面进行创新和改革。

一方面，可以引入现代科技手段，如虚拟现实、人工智能等，为青少年提供更加生动、直观、便捷的学习体验。另一方面，可以结合其他体育项目，如篮球、足球、游泳等，开展跨界融合教学，促进青少年体育技能的全面发展。此外，还可以加强武术师资队伍建设，提高教师的专业素养和教学能力，为武术教育的创新与发展提供有力的人才保障。

（四）武术教育在青少年文化传承中的使命与担当

武术，作为中华民族传统文化的瑰宝，承载着丰富的历史信息和文化内涵。在青少年教育中加强武术教育，不仅有助于传承和弘扬中华优秀传统文化，还能够增强青少年的文化自觉和文化自信。

通过武术教育，青少年可以深入了解武术文化的历史渊源、哲学思想、美学价值等方面的内容，感受中华文化的独特魅力和价值。同时，还能够使他们将所学到的武术知识和技能应用到实际生活中去，如参加武术比赛、表演、交流等活动，展示自己的文化风采和民族自信。这种武术文化传承的使命与担当将激励青少年更加珍视和热爱自己的民族文化，为中华优秀传统文化的繁荣与发展贡献自己的力量。

（五）面向未来的武术教育发展趋势与展望

面向未来，武术教育在青少年教育体系中的发展呈现出更加多元化、国际化的趋势。一方面，随着全球化的深入发展，武术教育更加注重跨文化交流和合作，有助于推动武术文化的国际传播和交流互鉴。另一方面，随着科技的不断进步和创新，武术教育将更加注重数字化、智能化的发展，为青少年提供更加便捷、高效的学习方式和体验。

同时，未来的武术教育还将更加注重个性化、差异化的发展。针对不同年龄段、不同兴趣爱好、不同身体条件的青少年群体，制订更加科学、合理的武术教育计划和方案，满足他们的多元化需求和发展潜力。此外，未来的武术教育还将更加注重对青少年综合素质的培养和提升，将武术教育与德育、智育、美育等相结合，促进青少年的全面发展和综合素质的提升。

第二节 武术文化的普及与传播途径

一、传统与现代媒体在武术文化传播中的作用

（一）传统媒体在武术文化传播中的历史根基与影响

传统媒体，如书籍、报纸、电视等，在武术文化的传播中，扮演着至关重要的角色，具有深厚的历史根基和广泛的影响力。自古以来，武术文化的传承依赖口传心授、文字记载及图像展示等传统媒介。书籍作为武术理论、拳谱、功法传承的主要载体，不仅记录了武术的招式、技法和要领，还蕴含着深厚的武术文化和哲学思想，为后人学习、研究提供了宝贵的资料。报纸和杂志则通过新闻报道、专题文章等形式，将武术赛事、人物故事、文化传承等内容传递给更广泛的受众，增强了武术文化的社会认知度和影响力。

电视媒体的兴起更是为武术文化的传播带来了革命性的变化。电视以其直观、生动的表现形式，将武术的技击之美、文化之韵展现得淋漓尽致，吸引了无数观众的关注和喜爱。武术比赛、武术教学节目、武侠影视作品等，通过电视屏幕走进了千家万户，成为连接武术与大众的桥梁。这些传统媒体，不仅传播了武术知识和技能，更在潜移默化中弘扬了武术精神，加深了人们对武术文化的理解和认同。

（二）新媒体在武术文化传播中的创新与突破

随着互联网的普及和新媒体技术的发展，武术文化的传播迎来了新的机遇和挑战。新媒体以其即时性、互动性、跨时空性等优势，为武术文化的传播提供了更加广阔的空间和平台。社交媒体、短视频平台、在线直播等新兴媒体形式，使得武术文化的传播更加便捷、高效和多元化。

在新媒体环境下，武术爱好者可以通过网络平台学习武术课程、交流心得体验、分享学习成果，形成了线上线下相结合的武术文化传播模式。同时，新媒体也为武术文化的创新提供了可能。通过虚拟现实、增强现实等先进技术，人们在家中就能体验到身临其境的武术练习场景；通过大数据分析和智能推荐算法，新媒体平台可以为用户提供更加个性化、精准化的武术学习资源和内容推荐。

（三）传统与现代媒体的融合共生促进了武术文化传播

传统与现代媒体，在武术文化传播中并非孤立存在，而是相互融合、共生共荣。传统媒体为新媒体提供了丰富的内容资源和文化底蕴，而新媒体则通过技术创新和平台优势，为传统媒体的转型升级提供了有力支持。在武术文化传播中，传统与现代媒体的融合共生不仅丰富了传播手段和形式，还拓展了传播渠道和受众范围。

例如，一些武术机构和组织利用新媒体平台开展线上教学活动和赛事直播，吸引了大量年轻观众的关注和参与；同时，他们也将优秀的武术文化内容制作成书籍、视频等传统媒体产品，进行线下推广和销售。这种线上线下相结合的传播模式，不仅提高了武术文化的传播效率和质量，还增强了武术文化的社会影响力和商业价值。

（四）媒体融合背景下武术文化传播的机遇与挑战

媒体融合背景下，武术文化传播面临着前所未有的机遇和挑战。一方面，新媒体技术的快速发展为武术文化的传播提供了更加便捷、高效和多元化的手段。另一方面，随着信息量的爆炸式增长和受众需求的多样化发展，武术文化传播也面临着内容同质化、碎片化以及传播效果难以评估等问题。

为了应对这些挑战并抓住机遇，武术文化传播者需要不断创新传播理念和方式方法。他们应该充分利用新媒体平台的优势和特点，结合武术文化的特色和内涵进行精准传播；同时加强与传统媒体的深度融合和协同发展，形成优势互补、资源共享的传播格局；此外，还需要注重提升传播内容的质量和价值导向性，以高质量的武术文化内容吸引和留住受众的关注和喜爱。

（五）未来展望：构建全方位、多层次的武术文化传播体系

展望未来，构建全方位、多层次的武术文化传播体系将是推动武术文化发展的重要方向。这个体系应该包括传统媒体与新媒体的深度融合、线上线下相结合的传播模式、多元化的传播渠道、受众覆盖以及高质量的传播内容和价值导向。

为了实现这一目标，我们需要加强武术文化传播人才的培养和引进工作；加强武术文化资源的挖掘和整理工作；加强武术文化传播平台的建设和运营工作；加强武术文化传播效果的评估和反馈机制建设等方面的工作。通过这些努力我们能够构建一个更加完善、高效和有影响力的武术文化传播体系为武术文化的传承和发展作出更大的贡献。

二、武术文化进校园、进社区的实践探索

（一）武术文化进校园：传承与创新的教育实践

武术文化进校园，是普及武术知识、弘扬武术精神、促进青少年身心健康发展的重要举措。这一实践不仅丰富了校园文化的内涵，也为武术文化的传承与创新提供了肥沃的土壤。

在校园内推广武术文化，首先，需构建完善的课程体系。学校可以将武术纳入体育课程或开设武术选修课程，通过系统的学习和训练，让学生掌握武术的基本技能和理论知识。其次，还可以结合学校特色和学生兴趣，开发具有地方特色或创新元素的武术课程，如太极操、武术舞蹈等，以激发学生的学习兴趣和参与度。

此外，武术文化进校园还应注意师资力量的培养。学校应鼓励和支持体育教师参加武术培训和交流活动，提高他们的武术教学水平和文化素养。同时，还可以邀请武术专家、传承人进校园开展讲座、示范和教学指导，为学生提供更专业、更权威的武术学习资源。

在传承武术文化的基础上，学校还应注重武术文化的创新与发展。学校可以通过组织武术比赛、表演、文化节等活动，为学生提供展示自我、交流学习的平台。同时，还可以将武术元素融入校园文艺创作、体育竞赛等活动中，让武术文化在校园内得到更广泛的传播和弘扬。

（二）武术文化进社区：构建和谐社会的桥梁

武术文化进社区，是弘扬中华优秀传统文化、促进社区文化建设、增强社区居民身心健康的重要途径。通过武术文化的传播和普及，可以增进社区居民之间的交流与互动，构建更加和谐、友爱的社区环境。

在社区推广武术文化，首先，要建立健全的组织体系。可以成立社区武术协会或兴趣小组，组织社区居民参与武术学习和训练活动。同时，还可以邀请专业武术教练或志愿者，为社区居民提供指导和帮助，确保武术教学的专业性和安全性。

在武术推广过程中，要注重武术文化的普及性和趣味性。可以通过举办武术讲座、展览、表演等活动，向社区居民介绍武术的历史渊源、文化内涵和健身价值。同时，还可以结合社区居民的兴趣爱好和年龄特点，设计适合不同人群的武术教学内容和形式，如太极拳、健身气功等，以提高社区居民的参与度和满意度。

此外，武术文化进社区还应注重与社区其他文化活动的融合与互动。可以与社区文化活动中心、图书馆、公园等场所合作，共同举办武术文化节、健康讲座等活动，让武术文化成为社区文化建设的重要组成部分。

（三）武术文化普及与传播的社会价值与意义

武术文化进校园、进社区的实践探索，不仅对于武术文化的传承与发展具有重要意义，还会对社会文化的繁荣与进步产生深远的影响。

首先，武术文化的普及与传播有助于弘扬中华优秀传统文化。武术作为中华民族的文化瑰宝，蕴含着丰富的历史信息和哲学思想。通过对武术文化的传播和普及，可以让更多的人了解、认识和热爱中华优秀传统文化，从而增强民族自豪感和文化自信心。

其次，武术文化的普及与传播有助于促进全民健身事业的发展。武术作为一种独特的健身方式，具有强身健体、陶冶情操、磨练意志等多种功能。通过武术文化的传播和普及，可以激发人们参与体育锻炼的热情和兴趣，提高全民身体素质和健康水平。

最后，武术文化的普及与传播还有助于构建和谐社会。武术文化强调尊师重道、团结友爱、自强不息等优秀品质和精神追求。通过武术文化的传播和普及，可以培养人们的道德情操和社会责任感，增进人与人之间的交流与理解，为构建和谐社会提供有力的文化支撑和精神动力。

三、国际武术交流与推广的策略与成效

（一）国际武术交流的深化与拓展

在国际舞台上，武术作为中国传统文化的瑰宝，正日益受到世界各国人民的关注和喜爱。为了深化国际武术交流，推动武术文化的全球传播，一系列策略被逐步实施并取得了显著成效。

首先，加强与国际武术组织的合作与联系是关键。国际武术联合会作为武术国际交流的重要平台，通过举办国际武术赛事、教练员和裁判员培训班等活动，有效地促进了各国武术界的交流与合作。此外，各国武术协会也积极参与国际交流，通过互访、比赛等形式加深了彼此之间的了解和友谊。

其次，利用大型国际活动推广武术文化，如奥运会、亚运会等国际综合性运动会为武术文化的国际传播提供了宝贵的机会。在这些赛事中，武术作为表演项目或正式比赛项目亮相，不仅展示了武术的魅力和技艺，也提高了国际社会对武术文化的认知度和接受度。

最后，推动武术教育的国际化进程。通过孔子学院等教育机构，将武术纳入国际课程体系，使更多的外国学生有机会接触和学习武术。同时，加强与国外高校和体育机构的合作，共同开展武术教学和研究工作，为武术文化的国际传播培养更多人才。

（二）国际武术推广的创新与多样化

在国际武术推广中，创新是推动其持续发展的关键。通过多样化的推广方式和手段，武术文化将得到更加广泛地传播和普及。

一方面，运用现代科技手段提高推广效果。随着互联网和新媒体的快速发展，武术文化的传播不再局限于传统媒介。通过社交媒体、短视频平台等新媒体渠道，武术爱好者可以随时随地获取武术教学视频、赛事直播等内容，极大地提高了武术文化的传播效率和覆盖面。

另一方面，探索武术文化的产业化发展路径。通过开发武术服装、器械、纪念品等衍生品，举办武术赛事、表演等商业活动，武术文化开始融入市场经济体系，形成了独特的产业链条。这不仅为武术文化的传播提供了更多的资金支持，也促进了武术文化的创新发展。

（三）国际武术交流与推广的成效与展望

经过多年努力，国际武术交流与推广取得了显著成效。武术在全球范围内的影响力不断扩大，越来越多的国家和地区开始重视和发展武术事业。同时，武术文化也成了连接不同国家和地区人民之间的文化桥梁和纽带。

展望未来，国际武术交流与推广仍面临诸多机遇和挑战。一方面，随着全球化进程的加速和各国文化交流的增多，武术文化的国际传播将迎来更多机会。另一方面，如何在保持武术文化独特性的同时，实现其与现代社会的融合与创新发展仍是一个亟待解决的问题。

因此，首先，我们需要继续加强与国际武术组织的合作与联系，推动武术教育的国际化进程；其次，积极探索武术文化的产业化发展路径，创新推广方式和手段；最后，还需要注重武术文化的传承与创新发展，让武术文化在全球化进程中焕发出更加绚丽的光彩。

四、创新武术文化传播方式，拓宽传播渠道

（一）数字化技术在武术文化传播中的革新应用

在数字化时代，武术文化传播方式正经历着前所未有的革新。通过运用先进的数字化技术，使武术文化得以更加生动、直观、互动的形式呈现在全球观众面前。

首先，虚拟现实（VR）和增强现实（AR）技术的应用，为武术文化传播带来了沉浸式的体验。用户佩戴VR设备即可身临其境地参与武术训练，感受武术动作的每一个细节和力量流转；而AR技术则可以将武术元素与现实世界融合，创造出既真实又奇幻的视觉效果，吸引更多人关注武术文化。

其次，数字化平台成为武术文化传播的重要载体。社交媒体、短视频平台、在线教育网站等数字化平台，拥有庞大的用户基础和高度活跃的用户互动，为武术文化的传播提供了广阔的空间。通过在这些平台上发布武术教学视频、赛事直播、文化解读等内容，可以快速吸引大量观众，并促进武术文化的普及和深入传播。

（二）跨界融合拓展武术文化传播边界

跨界融合是武术文化传播的又一创新方式。通过将武术与其他领域进行有机融合，可以打破传统传播渠道的局限，拓宽武术文化的传播边界。

一方面，武术与影视、动漫、游戏等文化产业的融合，为武术文化传播注入了新的活力。影视作品中的武侠元素、动漫中的武术打斗场面、游戏中的武术技能展示等，都极大地提高了武术文化的知名度和吸引力。这些跨界作品不仅使武术文化以更加多样化的形式呈现在观众面前，也激发了观众对武术文化的兴趣和探索欲。

另一方面，武术与旅游、体育、健康等产业的融合也为武术文化传播提供了新的机遇。通过打造武术旅游线路、举办武术文化节、开发武术健身产品等方式，可以将武术文化融入人们的日常生活中，使人们在体验中感受武术文化的魅力和价值。

（三）强化武术文化传播的精准性与互动性

在信息时代，提高武术文化传播的精准性和互动性，对于提高传播效果具有重要意义。通过大数据分析和智能推荐技术，可以更加精准地了解受众的需求和偏好，为他们提供个性化的武术文化传播内容和服务。

一方面，大数据分析可以帮助武术文化传播者了解受众的年龄、性别、地域、兴趣等特征，从而制定更加精准的传播策略和内容。例如，针对年轻人群推出时尚、动感的武术教学视频；针对中老年人群则更注重养生、健身方面的武术内容。

另一方面，增强互动性也是提高武术文化传播效果的重要手段。通过社交媒体、在线社区等平台建立互动机制，鼓励受众积极参与讨论、分享心得、提出建议等，可以增强受众的参与感和归属感，进一步推动武术文化的传播和普及。

（四）构建武术文化传播的多元化生态体系

为了更好地推动武术文化的传播和发展，需要构建一个多元化的生态体系。这个体系应该包括政府、企业、社会组织、媒体、教育机构以及广大武术爱好者等多个方面的力量共同参与和推动。

政府应该在政策上给予支持和引导，为武术文化的传播和发展，提供良好的环境和条件；企业应该发挥市场优势和创新精神，开发具有市场竞争力的武术文化产品和服务；社会组织可以发挥桥梁和纽带作用，促进各方之间的合作与交流；媒体则应该发挥舆论引导和传播优势，为武术文化的传播提供广泛而深入的报道和宣传；教育机构则应该加强武术教育和人才培养工作，为武术文化的传承和发展培养更多优秀人才。

同时，还需要加强国际交流与合作，推动武术文化走向世界舞台。通过举办国际武术赛事、交流活动等，增进各国人民对武术文化的了解和认同；通过加强与国际武术组织的合作与交流，共同推动武术文化的全球化传播和发展。

第三节 武术文化对民族精神的塑造

一、武术文化蕴含着民族精神内涵

（一）尚武崇德：武术文化中的道德追求

武术文化，作为中华优秀传统文化的重要组成部分，其精髓之一便是尚武崇德的精神内涵。尚武，即崇尚武艺，强调对武术技能的不懈追求与精进；崇德，则是指注重道德修养，以德行为先、以武术为辅助手段，达到身心的和谐统一。这种精神追求不仅体现了武术文化的独特魅力，而且深刻塑造了中华民族的精神品格。

在武术文化的熏陶下，习武者被要求不仅要在技艺上精益求精，更要在道德上严于律己。他们通过日复一日的刻苦训练，不仅锤炼出了强健的体魄，而且培养出了坚韧不拔的意志和崇高的道德情操。尚武崇德的精神，使武术不仅仅是一种体育竞技或自卫手段，而且成了一种修身养性、陶冶情操的重要途径。

（二）自强不息：武术文化中的进取精神

武术文化蕴含着深厚的自强不息精神，这种精神激励着无数中华儿女在面对困难和挑战时勇往直前、不懈奋斗。在武术训练中，习武者需要不断挑战自我、超越自我，通过不断的努力和坚持，达到技艺的巅峰。这种对自我极限的挑战和突破，正是自强不息精神的生动体现。

自强不息的精神，不仅体现在武术技艺的精进上，更体现在人生的各个方面。它鼓励人们在面对挫折和困境时保持积极向上的心态，勇于面对挑战、克服困难，不断追求更高的目标和更美好的人生。这种精神品质，对于塑造中华民族坚韧不拔、勇往直前的民族性格具有重要意义。

（三）团结互助：武术文化中的集体意识

武术文化强调个人与集体的紧密联系和相互支持，这种团结互助的精神是武术文化对民族精神塑造的又一重要方面。在武术训练中，习武者往往需要相互配合、共同进退，这种默契和协作不仅提高了训练效果，而且培养了习武者之间的深厚友谊和集体意识。

团结互助的精神，在武术文化中得到了充分体现。无论是武术比赛中的团队协作，还是日常生活中的相互帮助和支持，都体现了武术文化对集体意识的重视和培养。这种精神品质对于增强民族凝聚力、促进社会稳定和发展具有重要意义。

（四）和谐共生：武术文化中的哲学思想

武术文化蕴含着丰富的哲学思想，其中和谐共生的理念是武术文化对民族精神塑造的又一重要方面。武术文化强调阴阳平衡、五行相生相克等哲学思想，这些思想不仅指导着武术技艺的修炼和运用，而且深刻影响着中华民族的世界观和价值观。

和谐共生的理念，在武术文化中得到了充分体现。它要求习武者在追求技艺精进的同时，注重内心的平和与宁静；在与人交往中保持谦逊和包容的态度；在处理问题时寻求平衡和妥协的解决方案。这种哲学思想，不仅有助于培养习武者良好的心态和品质，而且有助于促进社会的和谐与稳定。

综上所述，武术文化蕴含的民族精神内涵丰富而深刻，它不仅是中华民族传统文化的重要组成部分，而且是塑造中华民族精神品格的重要力量。通过学习和传承武术文化中的尚武崇德、自强不息、团结互助、和谐共生等精神内涵，我们可以更好地弘扬中华优秀传统文化，推动社会的文明进步和发展。

二、武术在传承与弘扬民族精神中的独特作用

（一）武术作为民族精神的载体与传承工具

武术，作为中华民族传统文化的瑰宝，不仅是身体技能的展现，更是民族精神的深刻体现与传承工具。在历史的长河中，武术以其独特的形式承载着中华民族的坚韧、勇敢、智慧与和谐等精神特质，代代相传，生生

不息。通过对武术的学习与传承,人们不仅能够掌握技艺,更能深刻体会到其中蕴含的民族精神,从而在潜移默化中受到熏陶和感染。

武术的每一个招式、每一次练习,都蕴含着对民族精神的致敬与传承。它教会我们在面对困难时要坚韧不拔,勇往直前;面对挑战时要勇于担当,敢于胜利;面对诱惑时要保持清醒,坚守道德底线。这种精神传承,不仅让武术文化得以延续和发展,更让民族精神在时代变迁中熠熠生辉。

(二)武术促进民族认同与凝聚力的提升

在全球化日益加剧的今天,民族认同与凝聚力成了一个国家和民族发展的重要基石。武术作为中华民族独有的文化符号,具有强大的民族认同感和凝聚力。无论是国内的武术爱好者还是海外的华人华侨,都能通过武术这一共同的语言找到归属感和认同感。

武术的传承与弘扬,不仅增强了民族内部的团结和凝聚力,还促进了不同民族之间的交流与理解。在武术的交流与切磋中,人们能够跨越地域、语言和文化的界限,共同感受武术的魅力与民族精神的力量。这种跨国界的交流与融合,有助于构建更加和谐、包容的世界文化格局。

(三)武术培养青少年坚韧不拔的品质

青少年是祖国的未来和民族的希望。在青少年成长过程中,培养他们坚韧不拔、勇于担当的品质显得尤为重要。武术作为一种独特的体育教育方式，以其独特的训练方法和精神内涵，成了培养青少年坚韧品质的重要途径。

在武术训练中，青少年需要面对各种挑战和困难，通过不断的努力和坚持来克服它们。这个过程不仅锻炼了他们的身体素质，更培养了他们的意志品质和心理素质。使他们学会了在挫折中不放弃、在失败中总结经验、在成功中保持谦逊。这些品质将伴随他们一生，成为他们未来人生道路上宝贵的财富。

（四）武术弘扬爱国主义与民族精神

爱国主义，是民族精神的核心内容之一。武术作为一种具有深厚爱国主义情感的文化形式，在弘扬爱国主义与民族精神方面发挥着独特的作用。通过对武术的学习与传承，人们能够深刻感受到中华民族悠久的历史和灿烂的文化，增强对祖国的热爱和归属感。

同时，武术还以其独特的技击性和实用性，成为一种有效的自卫手段。在关键时刻，武术能够保护国家和人民的利益，展现出强烈的爱国主义情感和民族精神。这种精神力量，不仅激励着无数中华儿女为祖国的繁荣富强而努力奋斗，也向世界展示了中华民族不屈不挠、勇于抗争的精神风貌。

（五）武术推动文化自信与国际交流

文化自信是一个国家、一个民族发展中最基本、最深沉、最持久的力量。

武术作为中华民族传统文化的重要组成部分,具有深厚的文化底蕴和独特的艺术魅力。通过对武术的传承与弘扬,我们能够更加深入地了解和认识自己的文化根源和民族精神,从而增强文化自信和自豪感。

同时,武术还成了国际文化交流的重要桥梁。在全球化日益加剧的今天,各国之间的文化交流与合作日益频繁。武术以其独特的魅力和广泛的国际影响力,成了连接不同国家和地区人民的文化纽带。通过武术的国际交流与传播,我们能够更好地展示中华文化的独特魅力和民族精神风采,推动中华文化走向世界舞台的中央。

三、通过武术活动强化民族精神的实践案例

(一)武术赛事激发民族自豪感与爱国情怀

在假设的情境中,武术赛事不仅是技艺的较量,更是展现民族精神的舞台。每当举办国内外武术赛事时,选手身着传统武术服饰,以矫健的身姿和精湛的技艺,向世界展示中华武术的博大精深。这种展示,不仅让参赛者和观众感受到了武术的魅力,更激发了他们内心深处的民族自豪感与爱国情怀。观众通过观赛,深刻体会到中华优秀传统文化源远流长和民族精神的伟大力量,从而更加珍惜和热爱自己的民族文化。

（二）武术进校园活动培养青少年的民族精神

在推广武术进校园的活动中，我们可以想象，通过在学校开设武术课程、举办武术文化节等形式，将武术融入青少年的日常生活和学习中。这种活动不仅丰富了校园文化生活，还通过武术的习练和体验，培养了青少年坚韧不拔、勇于担当的品质。青少年在武术训练中学会面对困难不退缩、面对挑战勇往直前的精神，这些品质正是民族精神的重要组成部分。通过长期的武术学习，青少年能够更加深刻地理解和认同自己的民族文化，从而成为民族精神的传承者和弘扬者。

（三）武术文化交流促进民族团结与国际友谊

在虚构的武术文化交流活动中，来自不同民族、不同国家的武术爱好者会聚一堂，共同切磋武艺、交流心得。这种活动不仅促进了武术技艺的传播与发展，还加深了各民族之间的了解和友谊。通过武术这一共同语言，人们跨越了地域、语言和文化的界限，建立了深厚的情感联系。这种跨境交流与融合，有助于增强民族内部的团结和凝聚力，同时也为构建人类命运共同体贡献了力量。

（四）武术公益活动弘扬社会正能量

在武术公益活动中，武术爱好者们利用自己的特长和影响力，积极参与社会公益事业。他们通过举办武术义演、募捐活动等形式，为需要帮助的人群筹集善款和物资。同时，他们还利用武术的健身功能，推广健康生活方式和积极向上的生活态度。这些活动不仅传递了社会正能量和爱心，还展示了武术文化在促进社会和谐与进步方面的独特作用。通过参与这些活动，人们更加深刻地认识到武术文化的价值和意义，从而更加积极地传承和弘扬民族精神。

（五）武术研究与教育推动民族精神理论创新

在理论层面上，武术研究与教育，对于推动民族精神的理论创新具有重要意义。通过深入研究武术文化的历史渊源、精神内涵和当代价值，我们可以更加清晰地认识到武术文化在塑造民族精神方面的独特作用。同时，将武术文化融入现代教育体系之中，可以培养出更多具备武术技能和民族精神的高素质人才。这些人才将成为推动社会进步和发展的重要力量，为中华民族伟大复兴贡献智慧和力量。因此，加强武术研究与教育不仅是传承和弘扬武术文化的需要，更是推动民族精神理论创新和实践发展的必然要求。

四、面向未来：武术文化对民族精神塑造的持续贡献

（一）武术文化作为民族精神传承的永恒纽带

面向未来，武术文化将继续作为中华民族精神传承的永恒纽带，发挥

着不可替代的作用。随着全球化的深入发展，文化的交流与融合日益频繁，但要坚定守护和传承中华民族的精神内核。武术文化以其独特的魅力，将中华民族的坚韧、勇敢、智慧与和谐等精神特质凝聚其中，成为连接过去与未来的桥梁。未来，随着社会的不断进步和人们文化需求的日益增长，武术文化将更加深入人心，成为广大民众自觉传承和弘扬民族精神的重要载体。

（二）武术文化创新助力民族精神现代化

在面向未来的过程中，武术文化的创新，将是推动民族精神现代化的重要动力。传统武术文化需要与现代社会相适应，不断融入新的元素和理念，以满足人民日益增长的精神文化需求。通过武术文化的创新，我们可以将传统武术技艺与现代科技、艺术、教育等领域相结合，创造出更加丰富多彩、富有时代感的武术文化产品。这些创新成果不仅能够吸引更多年轻人关注和参与，还能够为中华民族精神的现代化注入新的活力和内涵。例如，利用虚拟现实技术模拟武术训练场景，让学习者身临其境地感受武术的魅力；或者将武术元素融入电影、动漫等文化产品中，让更多人通过轻松愉悦的方式了解武术文化和民族精神。

（三）武术文化国际传播增强了民族自信与国际影响力

面向未来，武术文化的国际传播，将进一步增强中华民族的民族自信和国际影响力。随着中国国际地位的不断提升和"一带一路"等倡议的深入实施，武术文化作为中华民族文化的代表之一，将在国际舞台上发挥更加重要的作用。通过举办国际武术赛事、开展武术文化交流活动等形式，我们可以将武术文化的独特魅力和民族精神展示给世界各国人民。这些活动，不仅能够增进各国人民之间的了解和友谊，还能够提升中华民族的国际形象和地位。同时，武术文化的国际传播还将为中华民族文化走向世界、参与全球文化治理提供有力支持。在这个过程中，我们需要不断加强武术文化的自身建设，提高武术文化的传播力和影响力，让更多人了解、认同并热爱武术文化和中华民族精神。

第四节　武术文化在国际交流中的意义

一、武术作为国际文化交流的桥梁与纽带

（一）武术文化的独特魅力吸引了全球目光

武术，这一源自古老东方的身体艺术，以其独特的魅力跨越了地域与文化的界限，成为国际文化交流中一道亮丽的风景线。其动作之流畅、力量之展现、意境之深远，无不吸引着全球的目光。武术不仅仅是一种体育竞技项目，更是一种融合了哲学、医学、美学等多种元素的综合文化体系。

这种文化的多元性和包容性，使得武术在国际交流中，能够轻松跨越语言和文化障碍，成为连接不同国家和地区人民的桥梁与纽带。

（二）武术促进了国际文化理解与尊重

在全球化的今天，文化多样性和文化冲突并存。武术作为一种国际性的文化形式，通过其独特的表达方式，促进了国际文化的理解与尊重。在武术的交流与切磋中，不同国家和地区的人们，能够亲身体验到武术文化的独特韵味，进而理解其背后的文化逻辑和价值观念。这种亲身体验式的文化交流，有助于打破文化隔阂，增进相互理解和尊重，为构建人类命运共同体奠定坚实的文化基础。

（三）武术国际赛事搭建友谊与合作平台

武术国际赛事的举办，不仅为各国武术爱好者提供了展示技艺的舞台，更为国际的友谊与合作搭建了平台。在赛场上，选手们以武会友，通过技艺的较量增进了彼此之间的了解和友谊。同时，赛事的举办也促进了各国在武术领域的交流与合作，推动了武术文化的国际传播与发展。这种根据共同兴趣和爱好的合作与交流，有助于增进国际的互信与合作，为世界的和平与发展贡献力量。

（四）武术教育成为国际文化交流的新途径

随着全球化的深入发展，教育国际化已成为不可逆转的趋势。武术教育作为国际文化交流的新途径，正逐渐受到各国教育界的重视。通过武术教育，学生们不仅能够学习到武术的基本技能和理论知识，还能够深入了解中华文化的精髓和民族精神。这种跨文化的教育体验，有助于培养学生的全球视野和跨文化交际能力，为他们未来的国际交流与合作打下坚实的基础。同时，武术教育的国际化也为中华文化的海外传播提供了有力支持，让更多人通过武术这一窗口了解中国、认识中国。

综上所述，武术作为国际文化交流的桥梁与纽带，在促进文化理解与尊重、搭建友谊与合作平台，以及推动教育国际化等方面发挥着重要作用。随着全球化的不断深入和武术文化的传播与发展，武术在国际文化交流中的意义将更加凸显，成为连接不同国家和地区人民的重要桥梁。

二、武术文化在促进世界文化多样性中的作用

（一）武术文化丰富了全球文化生态的多样性

在全球文化日益趋同的今天，武术文化以其独特的风格和深厚的底蕴，为全球文化生态的多样性贡献了重要的一笔。武术不仅仅是身体技艺的展现，更是中华民族历史、哲学、美学等多元文化的集中体现。它包含了丰富的拳种流派、技击理论、训练方法以及与之相关的礼仪规范、价值观念等，

形成了一个庞大而复杂的文化体系。这种文化的多样性和复杂性，使得武术在国际交流中，能够为其他文化提供新的视角和元素，促进全球文化生态的多样性和丰富性。

（二）武术文化促进了文化间的对话与融合

在全球化背景下，不同文化之间的交流与碰撞日益频繁。武术文化以其独特的魅力和包容性，成为促进文化间对话与融合的重要力量。通过武术的交流与切磋，不同文化背景的人们能够超越语言和地域的限制，共同探讨武术技艺的奥秘和背后的文化内涵。这种跨文化的交流与互动，有助于增进彼此之间的理解和尊重，促进文化间的对话与融合。同时，武术文化也能积极地吸收其他文化的优秀元素，不断丰富和完善自身，展现出更加开放和包容的姿态。

（三）武术文化传递和平共处的价值理念

武术文化自古以来就蕴含着和平共处的价值理念。在武术的核心理念中，"以武止戈""止戈为武"等思想强调武术的和平用途和防御性质。这种价值理念在国际交流中得到了广泛的传播和认同。通过武术的展示和交流，人们能够深刻感受到武术文化中蕴含的和平精神，认识到在不同文化之间应该相互尊重、和谐共处。这种价值理念的传递，有助于减少文化冲突和误解，促进世界和平与发展。

（四）武术文化推动文化创新与发展

在全球文化不断创新的今天，武术文化以其独特的创造力和活力，为推动文化创新与发展提供了重要的动力。武术文化在传承中不断创新，在创新中不断发展。它不断吸收现代科技、艺术等领域的最新成果，将传统技艺与现代元素相结合，创造出更加符合时代需求和审美趋势的武术文化产品。这种创新，不仅丰富了武术文化的内涵和表现形式，也为全球文化的创新与发展提供了新的思路和方向。同时，武术文化的创新也促进了文化产业的繁荣与发展，为经济增长和社会进步注入了新的活力。

综上所述，武术文化在促进世界文化多样性中发挥着不可替代的作用。它丰富了全球文化生态的多样性、促进了文化间的对话与融合、传递了和平共处的价值理念，并推动了文化创新与发展。未来，随着全球化的不断深入和武术文化的传播与发展，其对于促进世界文化多样性的贡献将更加显著和深远。

三、国际武术赛事与文化交流活动的举办与影响

（一）国际武术赛事：促进武术技艺的国际交流与提升

国际武术赛事作为武术文化国际交流的重要平台，对于促进武术技艺的国际交流与提高具有不可估量的价值。这些赛事会聚了来自世界各地的

武术精英，他们带着各自独特的武术风格和技艺，在赛场上切磋交流，共同推动武术技艺的进步与发展。通过比赛，不同国家和地区的武术选手能够相互学习、取长补短，促进武术技艺的多元化和融合。同时，国际武术赛事的举办，也提高了武术运动的竞技水平，激发了运动员的竞技热情和创造力，为武术技艺的不断提高注入了新的动力。

（二）文化交流活动：深化武术文化内涵的国际传播与理解

除了国际武术赛事，各种文化交流活动也是武术文化国际传播的重要途径。这些活动通过讲座、展览、演出等多种形式，向国际社会全面展示武术文化的丰富内涵和独特魅力。在活动中，专家学者深入剖析武术文化的历史渊源、哲学思想、技击原理等，帮助国外友人更好地理解武术文化的深刻内涵。同时，武术表演和体验活动，也让国外观众亲身体验到了武术的魅力和韵味，进一步增进了他们对中华优秀传统文化的了解和认同。这些文化交流活动，不仅加深了国际社会对武术文化的认识和理解，也为武术文化的国际传播奠定了坚实的基础。

（三）国际武术赛事与文化交流活动的互动效应

国际武术赛事与文化交流活动之间存在密切的互动效应。一方面，国际武术赛事的举办，为文化交流活动提供了生动的素材和丰富的场景，使得文化交流活动更加生动、具体、有说服力。另一方面，文化交流活动的深入开展，也为国际武术赛事的举办营造了良好的文化氛围和舆论环境，提高了赛事的知名度和影响力。这种互动效应，不仅促进了武术文化的国际传播与理解，也推动了武术运动在全球范围内的普及和发展。

（四）国际武术赛事与文化交流活动的未来展望

展望未来，国际武术赛事与文化交流活动的举办将呈现出更加多元化、专业化、国际化的趋势。随着全球化的不断深入和科技的飞速发展，国际武术赛事的举办将更加便捷、高效、安全。同时，文化交流活动也将不断创新形式和内容，以适应不同国家和地区观众的需求和口味。此外，随着国际社会对武术文化认知度的不断提高和武术运动在全球范围内的普及程度的不断提升，国际武术赛事与文化交流活动的举办，将更加注重文化内涵的挖掘和传承，更加注重运动员的综合素质和竞技水平的提高。这些努力，将有助于进一步推动武术文化的国际传播与交流，促进世界文化的多样性和繁荣发展。

四、提高中国武术文化国际影响力的策略与建议

（一）加强武术文化的国际宣传与教育

提高中国武术文化的国际影响力，首要任务是加强国际宣传与教育。

这包括通过多语言版本的武术教材、网络课程、纪录片以及国际媒体平台等，全面深入地介绍武术的历史渊源、技术体系、文化内涵及精神价值。同时，加强与国外教育机构、武术组织的合作，推动将武术纳入国际体育课程，让更多的青少年了解并接触武术，从而培养出一批热爱并传播中国武术文化的国际友人。此外，还可以举办国际武术文化节、研讨会等活动，为武术文化的国际传播提供更加丰富多样的渠道和平台。

（二）推动武术赛事的国际化与专业化

武术赛事是展示武术文化魅力、提高国际影响力的重要窗口。因此，推动武术赛事的国际化与专业化，是提高中国武术文化国际影响力的重要举措。这包括与国际体育组织加强合作，争取更多国际赛事的举办权，吸引全球顶尖选手参赛；同时，提高赛事的组织水平和专业度，确保比赛的公正、公平和高效进行。此外，还应注重赛事的品牌建设和市场推广，通过高质量的赛事直播、媒体报道和社交媒体传播，扩大武术赛事的国际知名度和影响力。

（三）促进武术文化的创新与发展

创新是文化发展的不竭动力。在提高中国武术文化国际影响力的过程中，应注重武术文化的创新与发展。这包括在保留传统武术精髓的基础上，结合现代科技、艺术等元素进行跨界融合，创造出符合时代审美和市场需求的新武术形式；同时，鼓励武术理论研究的深入和创新，推动武术技术的不断革新和进步。通过创新与发展，增强中国武术文化的吸引力和感染力，从而在国际舞台上展现出更加独特的魅力和风采。

（四）加强武术文化的国际交流与合作

加强武术文化的国际交流与合作，是提高中国武术文化国际影响力的有效途径。这包括与世界各国武术组织建立广泛的联系和合作机制，共同推动武术文化的国际传播与交流；同时，积极参与国际武术赛事、文化交流等活动，增进各国武术爱好者之间的了解和友谊。通过交流与合作，可以借鉴其他国家的成功经验和做法，推动中国武术文化的不断完善和发展；同时，也可以向世界展示中国武术文化的独特魅力和价值观念，增进国际社会对中国的了解和认同。

（五）培养具有国际视野的武术人才

人才，是文化传承与发展的重要支撑。在提高中国武术文化国际影响力的过程中，应注重培养具有国际视野的武术人才。这包括在武术教育中注重培养学生的跨文化交流能力和国际竞争力；同时，鼓励优秀武术人才到国外留学、工作、交流等，拓宽他们的国际视野和人脉资源。通过培养具有国际视野的武术人才,可以为中国武术文化的国际传播与交流提供有力的人才保障和智力支持;同时,也可以推动中国武术文化,在国际舞台上发挥更加积极的作用和影响力。

参考文献

[1] 汪珂永. 中国传统武术文化与传承 [M]. 北京：光明日报出版社，2017.

[2] 乔凤杰. 中华武术与传统文化 [M]. 北京：社会科学文献出版社，2006.

[3] 席饼嗣. 传统武术文化概论 [M]. 合肥：合肥工业大学出版社，2019.

[4] 孙浩. 中华传统武术的文化阐释 [M]. 北京：原子能出版社，2012.

[5] 吴德海. 推进传统武术出版 助力中华文化"出海"——"传统武术文化传承发展出版工程"系列图书出版 [J]. 武当，2022 (10): 2.

[6] 左龙. 文化自信视角下传统武术文化在校园中的传承与发展研究 [C]// 国家体育总局体育文化发展中心，中国体育科学学会体育史分会. 2022年体育非物质文化遗产学术大会摘要集. 湖南师范大学体育学院；2022: 1. DOI:10.26914/c.cnkihy.2022.045309.

[7] 李萌，贾亮. 新时代视域下传统武术文化创造性传承模式研究 [C]// 国家体育总局体育文化发展中心，中国体育科学学会体育史分会. 2022年

体育非物质文化遗产学术大会摘要集.河南大学；2022: 1. DOI:10.26914/c.cnkihy.2022.045317.

[8] 郭亮.新媒介时代传统武术文化传播路径研究 [J].文体用品与科技，2022 (20): 13-15.

[9] 吴卓琳.传统武术文化在当代社会的传承与发展 [C]// 国家体育总局体育文化发展中心，中国体育科学学会体育史分会.2022年体育非物质文化遗产学术大会摘要集.苏州大学体育学院；2022: 1. DOI:10.26914/c.cnkihy.2022.045338.

[10] 马祎萌，金黄斌.近十年我国传统武术文化研究领域的可视化分析 [C]// 国家体育总局体育文化发展中心，中国体育科学学会体育史分会.2022年体育非物质文化遗产学术大会摘要集.云南师范大学；2022: 1. DOI:10.26914/c.cnkihy.2022.045468.

[11] 唐霞.新时代中国传统武术文化传承与发展 [C]// 国家体育总局体育文化发展中心，中国体育科学学会体育史分会.2022年体育非物质文化遗产学术大会摘要集.哈尔滨体育学院；2022: 1. DOI:10.26914/c.cnkihy.2022.045375.

[12] 孙悦，韩倩倩.体教融合背景下传统武术文化发展路径的研究 [C]// 国家体育总局体育文化发展中心，中国体育科学学会体育史分会.2022年

体育非物质文化遗产学术大会摘要集.河南师范大学体育学院;2022:1. DOI:10.26914/c.cnkihy.2022.045401.

[13] 赖云帆.传统武术文化融入高校武术课程思政的现状和路径研究[C]// 国家体育总局体育文化发展中心,中国体育科学学会体育史分会.2022年体育非物质文化遗产学术大会摘要集.沈阳体育学院;2022:1. DOI:10.26914/c.cnkihy.2022.045461.

[14] 张月."十四五"规划下传统武术文化传承的机遇与挑战[C]// 国家体育总局体育文化发展中心,中国体育科学学会体育史分会.2022年体育非物质文化遗产学术大会摘要集.吉林体育学院研究生处;2022:1. DOI:10.26914/c.cnkihy.2022.045471.

[15] 卓贤.文化自信视域下传统武术文化的传承与发展研究[C]// 国家体育总局体育文化发展中心,中国体育科学学会体育史分会.2022年体育非物质文化遗产学术大会摘要集.成都体育学院;2022:1. DOI:10.26914/c.cnkihy.2022.045477.

[16] 杨雯雯.身体素养视域下传承与发展传统武术文化的学校教育路径研究[C]// 国家体育总局体育文化发展中心,中国体育科学学会体育史分会.2022年体育非物质文化遗产学术大会摘要集.沈阳体育学院;2022:1. DOI:10.26914/c.cnkihy.2022.045530.

[17] 杨谊博. 从自知到自信：传统武术文化的传承路径与时代命题[C]// 国家体育总局体育文化发展中心,中国体育科学学会体育史分会. 2022年体育非物质文化遗产学术大会摘要集. 成都体育学院；2022: 1. DOI:10.26914/c.cnkihy.2022.045535.

[18] 汪磊. 浅析传统武术文化在高校体育教学中传承价值、现状及策略[J]. 冰雪体育创新研究, 2022 (13): 69-72.

[19] 张艺君. 村落传统武术文化协同保护机制的生成逻辑及实践策略研究[J]. 武术研究, 2022, 7 (06): 33-34, 40. DOI:10.13293/j.cnki.wskx.009587.

[20] 刘海波. 新媒介时代传统武术文化传播路径研究[J]. 武术研究, 2022, 7 (06): 38-40. DOI:10.13293/j.cnki.wskx.009593.

[21] 侯天媛. 传统武术文化生态重塑和价值重构——基于三个典型案例的研究[C]// 中国体育科学学会. 第十二届全国体育科学大会论文摘要汇编——墙报交流（武术与民族传统体育分会）. 上海体育学院；2022: 3. DOI:10.26914/c.cnkihy.2022.007918.

[22] 孟童欣,尹继林. 中华传统武术文化在东盟地区的传播[J]. 体育科技, 2022, 43 (01): 100-102. DOI:10.14038/j.cnki.tykj.2022.01.041.

[23] 王龙飞,王凯. 论我国传统武术文化发展的影响因素与空间模

式 [J]. 南京体育学院学报, 2022, 21 (01): 41-47. DOI:10.15877/j.cnki.nsin.2022.01.005.

[24] 何永飞, 王彤. 传统武术文化融入高职体育的研究 [J]. 当代体育科技, 2021, 11 (36): 153-155. DOI:10.16655/j.cnki.2095-2813.2110-1579-0753.

[25] 季晓丹. 传统武术文化传承体系研究 [D]. 上海：上海师范大学, 2019.